THIS BOOK BELONGS TO:

_____

_____

_____

Welcome to the **Book of Word Search Puzzles for Seniors (Large Print),** a delightful collection of 100 themed puzzles designed to entertain and challenge your mind. With over 2,100 words to find, this book offers hours of enjoyment, whether you're a seasoned puzzle enthusiast or just beginning your journey into the world of word searches.

Each puzzle is thoughtfully crafted with themes ranging from Classic Movie Actors and Holidays to Hobbies, Travel Destinations, Nature, and more. As you work through these puzzles, you'll not only have fun but also engage your brain, keeping it sharp and active.

To make your experience even more rewarding, we've included solutions for each puzzle at the back of the book. Additionally, a glossary is provided to help you explore and understand any unfamiliar terms you might encounter along the way.

So grab your favorite pen, find a comfortable spot, and dive into this wonderful world of words.
Happy puzzling!

TABLE OF CONTENTS

Rules and Word Directions

This book has 100 Word Search Puzzles. The words may be hidden in different directions including backwards, forwards, up, down, vertically, horizontally, or diagonally.

If you get stuck, check out the solutions at the end of this book.

```
D  R  A  W  K  C  A  B  H
F  O  R  W  A  R  D  L  D
A  C  I  K  E  C  A  T  E
B  E  A  U  T  N  F  U  L
C  A  T  U  O  W  O  P  A
A  H  O  G  E  D  T  U  S
K  O  A  A  T  O  J  M  B
E  I  U  C  P  W  O  U  D
D  R  A  T  E  N  U  L  K
```

#1 - Classic Movie Titles

```
Q J V R S G R N G O K S L M T M W N C U L Y
T J C T Y O G R K M Z Y J O H V K D I H A F
P B I W F W H N P A T T O N M E H O Z C S R
Y L X X T V O C N O L L I P A P T X N R E Y
V Q S J H C E D Y J A X P M U K A A V U V B
F R A T T O D K N S F Y D U B Y L N U H E D
B C I S T P O R N I P Q X R E B X E M N N X
K I U K V G T A B C W R V A A J W U P E S T
C T E K L C R F C D D R A S M X E Q L B A K
O I Z U H Q E U P A F Q A V C D L M S R M J
T Z V L E D B Z Q G R C L E X M A A R B U L
S E S E R P I C O B R R B L R T W M E T R Y
D N R E V I R D I X A T I F C H N P H S A Y
O K F M X D J V K E Q L B E D E E T T I I X
O A O H R Y M L A G C Q U O N O H K A C N X
W N D N B G L W A W K Z U F A M D H F R E U
V E O D H F V I Q L G P O C A E Y C D O D Y
H N G M O D E R N T I M E S G N T T O X Q X
H T B I Y N H Q G X L E Y M O H W K G E V J
M Q D U V E R T I G O T N S R E A A E E E X
T C R O M A N H O L I D A Y P K N I H H M P
V H U J N T B R V R M N W V L H H X T T Z D
```

ALIEN	BEN-HUR	CARRIE
CASABLANCA	CITIZEN KANE	DR. NO
MAD MAX	MODERN TIMES	PAPILLON
PATTON	PSYCHO	REAR WINDOW
ROMAN HOLIDAY	SERPICO	SEVEN SAMURAI
TAXI DRIVER	THE EXORCIST	THE GODFATHER
THE OMEN	VERTIGO	WOODSTOCK

#2 - Classic Movie Actresses

```
J B D N U R C Z Y A V A G A R D N E R V T L
D C R H C Y G I N G E R R O G E R S J A J H
X L A U R E N B A C A L L H P O D O U T U K
N G E N E T I E R N E Y Q E B H G U G T D L
P G V I V I E N L E I G H R Y B X V S N Y R
H K M V R Z P K U V Q T A H G U B P Y D G I
G X Z X C R T X K N G G M I K T A R K G A T
S R C V K X I X R Y A E R M L H R Z R L R A
H Z A D R L J U C T D T J B O E V S N A L H
I F R C Z V B V E K U K E E Z N J V T N A A
R T B D E P B R B O Q I A T K X R H K A N Y
L Q S E E K G V D S N I N T Z L P O H T D W
E V E H C W E I B A L F H E O V R R E U W O
Y J A Y S M I L X Z Q R A D A P T H D R P R
T C Z Y B W B P L P E Z R A M W A Q T N T T
E R K I T O E Z C Y F N L V I H J P U E I H
M A V E N G R W U Z Q I O I A I O I O R P C
P W Y E U O G B B R L K W S W M Y X T E W Z
L F D E P W M D N N J A N E R U S S E L L R
E O Y X Z V A F I S O P H I A L O R E N N B
X R W V J T N W M Y R N A L O Y L Y V V B V
U D X Y A E T A Y L O R Y B D D J W E R P C
```

A. HEPBURN	AVA GARDNER	BETTE DAVIS
E. TAYLOR	GENE TIERNEY	GINGER ROGERS
GRACE KELLY	GRETA GARBO	I. BERGMAN
J. CRAWFORD	JANE RUSSELL	JEAN HARLOW
JUDY GARLAND	LANA TURNER	LAUREN BACALL
M. MONROE	MYRNA LOY	RITA HAYWORTH
SHIRLEY TEMPLE	SOPHIA LOREN	VIVIEN LEIGH

```
Q U T Y Z Q D X H O W S I S E O N V T W Z Z
R E W V D Y K E G J L H G J O A U K H L H O
S R H F R E D A S T A I R E M O E N Z Z M A
X R O A T G L T B F W Y J W R Z O H C Z R L
Y O L M F D N A J W T G E S A S T H Y E Q G
W L D P D U Y H F R X N O T D Q L B E H R E
M F E J J Q H T A Q L N I U K U L G N E J E
B L N R X Y B W Q U W I H I G A D W G N O G
R Y K Y N S E C A E Y K R S N P U O A R R N
A N W X P T K P L L C K E C D L R T C Y F K
N N X C S Z A L L O D N A T F Y N Z J F Z I
D W I J Q H E E R O Y S A G P Y L I U O T H
O M D H H S K A U A T O A E M C C V G N C Y
A X A H I E V G W E I R C U N A I D T D N A
I Z O C N C L N R G Y K H O V R C L N A G K
C S B E I A H U B C B C T L C T I C A Y Y U
P I G X S O P J O J T R Z V G S U C R S A E
S D Q J J N Z O D I U N S B M M H S G D E H
N L O P I Y P J M B V I A U B I K J Y R G C
K A R Y Q E A T R E F G H X F H P D R E B I
C Y V R R D R Z G U O T D T W G A M A I X Z
P E L B A G K R A L C K T R H O F V C I H V
```

B. LANCASTER	CARY GRANT	CLARK GABLE
ERROL FLYNN	FRED ASTAIRE	GARY COOPER
GENE KELLY	GREGORY PECK	HENRY FONDA
J. CAGNEY	J. STEWART	JOHN WAYNE
KIRK DOUGLAS	M. BRANDO	ORSON WELLES
PAUL NEWMAN	R. BURTON	R.T MITCHUM
ROCK HUDSON	S. TRACY	W. HOLDEN

#4 - Classic Movie Directors

```
K N N X F O N J K Q Q M R U C T V P P R J H
Q M Y O B T G J V C C N Q M B Z U D Q Z E W
V D W C T W Z J J L O S N P O A X K N M T I
M N L R U S D S S Q L C R T Z P G A N R G L
W P O D D P U R Y H M U H B J P G N U S A L
V V L M M P U H W Y O W Q C M R A B Q T R I
A W D M C W U M N Z Y O J S T V W L E C P A
V G V E U B N V M H U R B G Z I J V S X A M
D P K H S N J M K S O W D C C M H K D L C W
P N Z S E I H B L J T J S R R U W A D E K Y
T A E E R A C A T C Q A T P A A K Z O U N L
E Z N L G K W A E S U J A H H D U O M N A E
M A R L I U N I B N R R O H D P O L R U R R
U K S E O R W I B Z A O T H H U I G B B B F C
L A K W L O L H C E T E B I N H K J J S D L
Y I U N E S S Y A Q R R L E Z F Y V Q I D X
E L B O O A P P I W R G D D R P O Y X U G V
N E R S N W F N V G O X M T I T H R C L N I
D X I R E A F K T C S J J A B V W P D Z F F
I N C O C A Q Q S N K H D P N C A I G U U D
S Q K Y I B R G H P U X D H M U V D S M I N
R Z Z G U T Z L B I L L Y W I L D E R E L Z
```

A. HITCHCOCK	A. KUROSAWA	BILLY WILDER
DAVID LEAN	ELIA KAZAN	FRANK CAPRA
G. CUKOR	H. HAWKS	I. BERGMAN
J. GODARD	JOHN FORD	JOHN HUSTON
LUIS BUNUEL	M.L CURTIZ	ORSON WELLES
ROBERT WISE	S. KUBRICK	SERGIO LEONE
SIDNEY LUMET	V. DE SICA	WILLIAM WYLER

```
F N Z D K L F U D U W S L X O H O D B C K D
S A F I K K P V W R C Q S Q Z W U E K L Y R
O O I A K C L J V E S E R N E G N U E W R J
H G L L X Q D Z N P W J R X G I W Z J U S X
G B M O E W C E P F H Q G N I T S A C V A K
F A A G J E E I Z T F J I S H I P A P W R T
Z E C U A J F K N M S A D G O E O O C S B A
I K E E V D J O P E W I D O Q I T J Y N V G
R Q C Z E G A T N O M T N E E R Y Z D G L H
W Y W T X F B L V T E A N O I Y R X D I J W
R J T O O X C L W O S G T H G N R I G S H Q
Z X R S L X P T B A Y I Y I C A R O J E W X
O L E S R D S P L O T H N E C E T F H D P T
F C V E F L A Y P W Y P Z O C R C N P T J X
R H O L J Q P J R K C H T T G L Y A A E D F
M H E T Z R Y A O M L I O B P A N E Y S A H
T K C I Q A J V D Y O R U I K O T R L J L J
C N I T K N C Y U B S Q L I E P V O N H K P
L Q O B U O E N C G E Q O M R U M V R G P S
P R V U V I C C E N U G A Z E H P N T P P N
J Z I S M R T L R E P C I F L A S H B A C K
B B W O J L T Q F A D E O U T K X K P E N A
```

ANTAGONIST	CAMEO	CASTING
CINEMATIC	CLOSE-UP	DIALOGUE
DIRECTOR	FADE-IN	FADE-OUT
FILM	FLASHBACK	GENRE
MONTAGE	NOIR	PLOT
PRODUCER	PROTAGONIST	SCENE
SET DESIGN	SUBTITLES	VOICE-OVER

#6 - Singers of the Golden Age

```
Z R B M Q D B J X Q N E J S M E L T O R M E
U B L A R M S T R O N G K Q N X F N R T T U
L I F C E L G L M M Z I M J A C K S O N R J
X N A R T A N I S K N A R F Q B R M P T V U
T G Q X W G P P E G G Y L E E O E W S A N D
K C K K F G Q Q J M P Q H S L O X D V E D Y
T R P S H G F V C E T N O F A L E B H L I G
Q O E E B I L L I E H O L I D A Y F N O N A
B S P G R M R K W M Y Z Q R E Z P L Q C A R
N B N J A R J N D N A Y A D S I R O D G H L
I Y V I J P Y C X X G R N L E S W O D N S A
T J B W U R I C K H G L A N E P O R G I H N
R U Y N P V A T O K J R H D B N V E Y K O D
A P M U N A G Y T M C R G R S E A Q H T R E
M G T A N B Z K C A O K U E S T E H I A E O
N X O H E M J V T H P T A A L T K U O N X X
A C T T I K A H T R A E V B L A P N A R Z X
E C O E S N B S K X P R S J Y J C F C Z N F
D N J Y H S Q Q H D Q J L B K A M A Z B L E
O X J K C U R B A Z R Y M E L M S X H M O C
X T T E N N E B Y N O T X L S E W I F X H D
Z C G D P J G B R I O L Z B I S T Z U A S M
```

BILLIE HOLIDAY	BING CROSBY	DEAN MARTIN
DINAH SHORE	DORIS DAY	EARTHA KITT
ETTA JAMES	FRANK SINATRA	H. BELAFONTE
JUDY GARLAND	L. ARMSTRONG	LENA HORNE
M. JACKSON	MEL TORME	NAT KING COLE
PATTI PAGE	PEGGY LEE	PERRY COMO
RAY CHARLES	S. VAUGHAN	TONY BENNETT

#7 - Bands of the Golden Age

```
A J A C K S O N F I V E V L Y M K Z V V D R
N X K H U O Z O G S R O O D E H T F R Z S X
Q J V D H E S O I V Q J S G X W X F U U D O
T S V F D H C C K P K Y L Y N W D U F M A N
Q T U Y F W A P W M O R A N P B Y R D S G P
W R M D C E K A O B L F M A O X D Z T W G J
K B H O I Z J N H U Z E I Q M H S D H A T C
U U C F H M K C C S H E N O M F R V H U T D
C N M N L E A S H S E F A B G N E J Q C E X
Y B J R E E B U R O V L X J S Q T D R T X C
X N T S B Y T P Q S L T L E Q S T D O U D F
S J E N S K H R M J Z L L E E S A X N Z R O
D F M E T Y E E A L A C I R R S L O E H I U
R L P T R K W M O K A W U E E I P I T K F R
I T T P K M H E M R S T K L S F H I T Y T S
B Z A W O T O S I Q N F T A G V M S E F E E
D X T W T D Q M E E I A A V W S S M S M R A
R U I X N Y N C V L E I B W O K O C Q S S S
A B O B A X D Z H B T J N R J N H W W A W O
Y P N J A L H A H A W J E O O I H O N W K N
M E S Z U L Q Q A T N A B P Z K E W B N F S
R G W M L R Z F Q O Q G I I Y R O L E K X D
```

AEROSMITH	ANIMALS	BEACH BOYS
BEATLES	BYRDS	DRIFTERS
FOUR SEASONS	HOLLIES	JACKSON FIVE
KINKS	MIRACLES	MONKEES
PLATTERS	RONETTES	SHIRELLES
SUPREMES	TEMPTATIONS	THE DOORS
THE WHO	VENTURES	YARDBIRDS

```
I C N C W K W J J K R T L E M Y T T A P X K
Y N I A R T Y V A R G A J X N C R H K I S G
Q H F K C K H D U O N W Y U Q B O P X Z J S
R W H J S D X G J M E D T T D F F D Y D K Q
O P R H S I C C O I J T U O I U R F T S E O
B I I E J M H P P D H S H P K N E Q O B D U
X E J Z G R G Y M A L O H E O E N Z J S I N
S A B E O G R Q S Q L D T E J M C D Z Q N E
J L G M Q R C H M Q B A C F P O H C Q E E R
I A E O E K B R P S H F A F O R F U Q B R H
V M F H G R J I E U B O R O P T R L X H B S
U O C H O U F E P A J U H C J E I X V J O T
H D V W K U Y L H V M N O E J R E Z W P O M
R E N E J T V J N S N T P G B Z S Q S A T X
P S B L Z I G J C M L A K D U V U W L N H A
R O E K A H S K L I M I X U R A P U J C R Z
X Z H M O K U J L D U N U X H I Q C J A M H
P S T A E S L Y N I V B D O Z N V P P K V Y
H N S S R E G R U B E S E E H C S E D E G G
C G J M L B Z K L I M D E T L A M P I S R S
Z V V S N G I S N O E N L A A Y G A H N B F
F R S X J E Y X N J B M L I R E D F Q C U N
```

CARHOP   CHEESEBURGER   CHERRY PIE
CHROME   COFFEE POT   DINER BOOTH
DRIVE-IN   EGG CREAM   FRENCH FRIES
GRAVY TRAIN   HASH BROWNS   JUKEBOX
MALTED MILK   MILKSHAKE   NEON SIGNS
PANCAKES   PATTY MELT   PIE A LA MODE
RETRO MENU   SODA FOUNTAIN   VINYL SEATS

```
S A M A J A P S T A C M L U P H M I O S T J
R W H L W R J O L P W P G R E A S E R A L Z
M R L U S E E N K S E E B C O X R X S K Z G
A E N S T F T P O L O Q R N B H Q Z R B N C
R T G W A A J H Y H K T S P I R P Q C L E D
O M Z E C P U R D M L S Q Q G Q E I J U E W
G A T L L W O N D R S S U P C G Q T K N O W
C L Y L O G A T A Y B U A S H F D K S J O B
J E G Q O Z T M D D P X R M E J A J P P C P
Q H E K C T D J Y S M O E X E H N K F T I Q
J T A R Y Z I X V M P L L T S M D W D E O H
D N T W G V P L T P X M N A E D H Y L N Z
B O F J E C O V Q Q P V I I J K D I I Z W B
Y L J T D J J Q C D L P E H S A G A N P T G
L X A N I S I U R C A L L W E T O E E C Y U
A L Q A G D L P Y D D U D Y D D U F G R C J
K R Q Q I R V E G T U K L Z E O F K P Z B U
L W J E T R J E O I A P S O S L Y G T J Q S
J M E T Z J Z S A C Y C W G O R H U G D E D
Q H E L D D A D E K S U P F G H V B E I D J
A H G M W D Z Q U O Q V Q E A W S W Z W G J
L R X N J U W A Q K S K P R H I B J U A E L
```

A GAS	ALL WET	BEE'S KNEES
BIG CHEESE	BREAD	CAT'S PAJAMAS
COOL CAT	CRUISIN'	DADDY-O
DIG IT	FUDDY-DUDDY	GIG
GREASER	HEPCAT	HIPSTER
JALOPY	JIVE TALK	ON THE LAM
SKEDADDLE	SQUARE	SWELL

```
R Q U S O F P B Q J P N O T G N I H S A W J
T Y F H E G E I N S T E I N B P E L T D A J
N H Z I L R H T C Q A T I B P W C V R T G L
V Q C O W L M J H X O U U R Z R F S C Z O W
X X A S V E L S L I Z B P L U F I O A M R E
S J I O Y A E I F L P M N N F C S L Z F T Q
Q K Y Z W J O O H F C A E S A R E C T R U G
Q M X G A N D H I C U N J A U S Z I A M C E
V H A H D T Z B S Y R M H W T S C P R X A N
J N X N G W O D U D O U T Q U G A P S A E G
B D Q T D U L S G T Z K H B A N P O E Y M H
K A J N B E E K H Y N A M C O D U K T H B I
D V K H L C L E G I N U A B W X I I O C L S
V I Y U C X R A W L L R K N T N H D M Q N K
U N J R O T Z R O O T B O A G L K R C P N H
S C J W E N A C C A B S T M O H T B J D M A
Q I E R T D N K P X I R X D Q H P D F S E N
H K E Y K I I O V D A Z S E C E N S E D B M
Q S F B L F E S E H K Y U T J Q E E K L R E
A H E A T L S O R E L S D T R M Z E R J B P
N Q W X C Q Y A E E R A E P S E K A H S V C
P M Q E Q G E C H J S O C R A T E S P J Q X
```

BONAPARTE   CAESAR   CHURCHILL
CLEOPATRA   COLUMBUS   DA VINCI
DARWIN   EARHART   EDISON
EINSTEIN   GANDHI   GENGHIS KHAN
KING   LINCOLN   MANDELA
MARIE CURIE   MOTHER TERESA   SHAKESPEARE
SOCRATES   TUBMAN   WASHINGTON

#11 - Types of Animals

```
J I Z K Y O K S W O S O N U O O Q W C Y A P
T W S N A E C A T E C I F K T S H K D L D S
Y L H I H Y S V V N S N A I B I H P M A D L
K W H S V X M E S S E E L N C B B K Q N E B
A B T B Z Z O R T E Z D Z E N C M E H O U E
Y L I C S B L S Q A T I O K C K A L I K M E
V L L E G X L P T Y L A E R E X M B K G B W
G Z X Y L Q U R U A T U M N F X M Z G Z U Y
S C S H K K S H E H C U G I R U A N H L W S
T C P X E Q K C N P G G X N R O L A K C M E
D W R C Y R S L D I T Z I L U P S G O F D R
K K I U A S B A V D F I Z B Y E N T L M S O
Q D G R S N E I C I G I L C Z V S T S F L V
N P M U F T I N V S E E Y E D G L B E Q M I
Y S Y X O K A N I O Q D M U S B A S R U V N
F B W G L F W C E L R U K Y S D I D O H P R
M S C R Z K Q A E S E E S G E Z P I V B D A
R A P T O R S T H A C F S Y N B U L I J W C
Y A B R R A R A C H N I D S I U S E N Y J P
X B N S D R I B P B Y S D W V Q R N M B A U
J E A F B V V N B V M I E C O Z A N O W G R
H F G R X P W B Z K R V A O B Z M A Q I Z P
```

AMPHIBIANS	ANNELIDS	ARACHNIDS
BIG CATS	BIRDS	BOVINES
CANINES	CARNIVORES	CETACEANS
CRUSTACEANS	FELINES	HERBIVORES
MAMMALS	MARSUPIALS	MOLLUSKS
OMNIVORES	PRIMATES	RAPTORS
REPTILES	RODENTS	UNGULATES

```
M N X U T Q Y E X N W A F U Q B C M T H N I
A H Y G G D C C E O X A L P L Y T S O F C M
N Z V S O S O E G V K I W G C J B H Y D A B
G Y D Q D F R A B M P J B Y A U K B Y L R G
C Z Q O Q G G O W M T E J G R E F A R B N L
D H D H R S W P G L V C R H R Y B V A R I W
S O M E S W Z G W O V D S E V A L Z G E V S
T G V M R Z X S B R E H J F N Z S E W U O V
T E Y O W P S I T C A C B F E N S S P D R R
N R M A W Y U H M G S R B L Q R I W E V O Z
U A G B L E K A E K Y V W O E S N A A S U V
G H U I W D Q E L O W O R W P C V S L I S I
S Z F P M U S P P Q S G R E I S V C W S C N
T A O W A H B H L L L G Q R P U M F P Y O E
N X V T O R Y L A I A D E I H O O U N I N S
E R I I T T A I U H U V H N Y U S S M I I M
L C B M E S N S U X N X Y G T D S T P G F R
U S D S D N N G I S N U W X E I E H I L E Q
C Y U A E D I X R T A D I S S C S M C N R M
C V K I C P K C S X I G M H D E X Y K Q S Q
U D B L C S H D V S C C S Y T D F H W D Q G
S M E Y C M P L R Y D S H Q W Z W L V U A S
```

ALGAE	ANNUALS	AQUATIC
BIENNIALS	BRYOPHYTES	CACTI
CARNIVOROUS	CONIFERS	DECIDUOUS
EPIPHYTES	EVERGREEN	FERNS
FLOWERING	GRASSES	HERBS
MOSSES	PARASITIC	PERENNIALS
SHRUBS	SUCCULENTS	VINES

```
S Y C A M O R E W X L Q T Y Z R V P D B E X
P I C N M K N Q K T W Q X J E R O N R U R R
S V M A O W N B H K J I P R D N D E D F S O
Y C P L B A H Z L E Z N L O N O K C B H E U
M L V N E S V D Q B Y Y M L O D K U Q I Q J
E Q V L A M E J I Y B M Q W O L I R G T U F
W A K C T P A R Z A R P D N F W K P O Y O I
C A E A S M C A G N G E P C M J B S F F I E
H W J S O H A V U Y R K Q I V J G E B K A F
R I Z Y R Z E H C Y P R E S S M W L M O J R
O O C N O C X N O W T J E D H A V D P T M F
F K M K E O D H A G O E A P C G Y P C R R P
Y Q U D O M I N L Y A C Z D E N O Q H S Q F
F V A W O R K U B R N N L S E O D S E S R F
L R M L J W Y D X T M A Y C B L K C R J A Q
U K Y E A S E O K H L Z B R R I K D R Z T V
M H C L S P K H K I C Q F X P A P U Y N J J
M R H R Y I Q O Z C P D I F Q F P N L L G M
A Z S X Z N R D P W K J R A I M O N K N L L
O P Q R F E Q Y T F I I K G U C L K A C Q R
V B Y L R D V L B U M C O Q E A G A B J F O
G Q N C L O I V P K H O O V T Z P H P Y S B
```

ASH	BANYAN	BEECH
BIRCH	CEDAR	CHERRY
CYPRESS	ELM	FIR
HICKORY	MAGNOLIA	MAHOGANY
MAPLE	OAK	PALM
PINE	REDWOOD	SEQUOIA
SPRUCE	SYCAMORE	WILLOW

#14 - Natural Phenomenon

```
B W D D I R F M R O T S R E D N U H T V R H
M P W W V U B V A B D R A Z Z I L B R K N P
H O F R M L D S O L A R E C L I P S E S O M
L T K M F U I V W Z U A F G E Y S E R I R H
I I N M R H L U N A R E C L I P S E Y H Z M
G F P F Z O D Z V V D R O U G H T S G S H Q
H I L J C O T A U L H J T S U N A M I R W Y
T B B N Q N L S X H V N S N N Y W Z W A D H
N L C G V A O M E M D I C I G R T O T E K D
I G F P N U S O F R N E D J H P I E Y B E A
N X H C G H D S K I U I A O T R I E B M C
G X H T H E V J H N S F I K I S V G J L R P
O E Y I T U A O M T O L S S P D W Q P R O S
Q C S O L H L R D O S M E O T O F U A G R B
W C A J D E N E T T C D U H F O Y D Z O Z W
T L N D U H V N O H I T Y N A L R J V Q A B
J I D D G I Q R I L Q E E W Q F B N R W M N
D A S O L J M J S M J U F A L H X U A O D W
F M T H G A J D Z O Y L A V N H B F O D A L
B L O Z N A N J K D M N Q K F B Y E J H O A
P I R J C A Y T P O V Q X V E F Z S N W T V
Y A M E L P K Z Q M M E T E O R S H O W E R
```

AVALANCHE	BLIZZARD	DROUGHT
DUST DEVIL	EARTHQUAKE	FIRESTORM
FLOOD	GEYSER	HAILSTORM
LANDSLIDE	LIGHTNING	LUNAR ECLIPSE
METEOR SHOWER	MONSOON	SANDSTORM
SINKHOLE	SOLAR ECLIPSE	THUNDERSTORM
TORNADO	TSUNAMI	WATERSPOUT

#15 - Camping

```
H W F G T F S R S Q A K E D O W S C T H B R
G Z A S L V L O E D A P G N I P E E L S D A
X G P X D F E W S C A M P C H A I R Z A J H
H Y X U D I E R T G O E K G Z L L E F H I H
O Y Q N X R P N P A J O V T T Q I K U K I T
W C O R S S I U Y B W B L O U D U V I S J Q
I G Z C C T N X G R Q B B E T D B N O O N C
X S J F I A G T P A F E F T R S G B B W L F
V J S I U I B Z D E W M A I T B P C R Y E Y
B P S S U D A L V B H B W T O X Y M A G T H
L C A H O F G I Y M A A M O P Z L R A H V B
P A P I N Q H O K C T H T A T A P W R C V F
N M M N O R O W K E O S M H N S V E Y A Z Z
Z P O G A U Z P R C R X Q T G B M B A K R L
U F C R E G A B X P P P E U D I L P J B I E
M I A O U C O P T O T R B J V Y L K T P C O
S R R D K T V Z X V N E T Q X F M H J Y Q Z
T E E E T W I E M U E A N H I N I A S O H F
L Q I L M U L T I T O O L T V D F B A A Z N
G Y E C O O K I N G G E A R P U V G N Y L B
K C Y X H H V R H L T T D O O W E R I F S F
L D Z H A B A L Y U D H W N O K W V F E M W
```

BACKPACK BEAR BAG BUG SPRAY
CAMP CHAIR CAMP STOVE CAMPFIRE
COMPASS COOKING GEAR COOLER
FIREWOOD FIRST AID FISHING ROD
FLASHLIGHT HIKING BOOTS LANTERN
MAP MULTI-TOOL SLEEPING BAG
SLEEPING PAD TENT WATER BOTTLE

#16 - Nature Walks

```
Q Z Y G K A A U W X O C F D X P M B X V M Z
H M D T P K H U S R E W O L F D L I W D Y Y
Z T J L R W A T E R F A L L M Z W Q Q H C E
Y E L X E D I W P R L E A F P E E P I N G F
Y F X X G K X S O T R A I L I H A R R R C A
N I F E D R S X W N R N A P J N C D I H S G
A L D B I I S C E N I C V I E W V E O D T U
T D L I R V B B N N H O R S K U E T N W N D
U L C N B E N L D O I A C M K K Z U N O B G
R I U O T R L F N L L R R V D O O Q I X E S
E W Y C O B G E Q T L T E A U S O T O D T U
R J A U O A E G O G T M E F E G A L I F P R
E S W L F N A S W D O E K R X M M U R I Q K
S J B A X K M N U C P D U D R K G Q C E C U
E A Y R F J U K U J Q T A O G E P N N G V T
R F K S G S N B B D A X F E R R I Y N H N O
V J O W Z D G I O N S K E U Z C E A K D J C
E H R R H N O Y N A C A T W S S P H Z G M B
M T I A E M R F H O H A B P P J E N S L I A
V I X Q S S F F R D N X O V N G X Q E U F B
U R X V R P T K R C G T A L Z B Y F J M G H
D R D Z Y P B I R D W A T C H I N G D P Y U
```

BINOCULARS	BIRDWATCHING	CANYON
CREEK	FOOTBRIDGE	FOREST
HILLTOP	LEAF PEEPING	MEADOW
NATURE GUIDE	NATURE RESERVE	NATURE SOUNDS
OVERLOOK	PICNIC SPOT	RIVERBANK
ROCK FORMATION	WILDLIFE	SCENIC VIEW
TRAIL	WATERFALL	WILDFLOWERS

```
J Z Z X T S W Q T B Q I O S V K V A Q V R V
X L S U N S E T V I S T A T Y P T L V S A J
V T H X T E S I U R C T E S N U S N T T D H
M C D Z F G I Z H K A Q R R A K A Z R X I C
W O F G Z Y M W S Z X L N G P B M Y A H A T
O I L R B Y P U X F R A Z J B Q T I N R N P
L I N T X Z D X T L T J O Z I H O W Q D T I
G B V O U G G H P S C C P X G F R Z U I R A
T W B R Z N J Z O A R I R I A I X C I R A A
E A H Y X I V I W U N L H G P N A L Z Y M
S Q S V G N R P I K Y I B G G D N L S Q S B
N B F F Y E A O H A W D E N T P X M J X V E
U P H V Z V U U H T B E A E U P T I H O N R
S R E Z B E E P C K N C D K I S O N W E S C
U O H A F S S Q L A C I P O R T I G Z W E L
X V G G C J T V Q M S I L H O U E T T E R O
J K V O Z E Y F Z Z I A N Y L J T V C Q E U
N V A Y H I F F T H G I L G N I D A F U N D
H I S G X L D U G O L D E N H O U R A Z E S
N O K I U L C S L A B I X C N I U D N Q Q G
L U F R O L O C T I F T P Y Y H K K T X K H
I N B H F Q H I Q S Y K S N O S M I R C Q W
```

AMBER CLOUDS	CALMING	COLORFUL
CRIMSON SKY	DUSK	EVENING
FADING LIGHT	GOLDEN HOUR	HORIZON
PEACEFUL	PINK HUES	RADIANT RAYS
SERENE	SILHOUETTE	SUNBURST
SUNSET CRUISE	SUNSET GLOW	SUNSET VISTA
TRANQUIL	TROPICAL	TWILIGHT

```
S C C S U N G L A S S E S V U G P A F T B P
A C F L R I H P M L D D V U O X P E E F E M
N T Y Z W A B X Y N R O D R S D I G S X A V
D B I Y E U S J B A S K O U N Z N N W G C C
D B S D F G U G U P S F N W J I G I W H W
U S F H A F S G T I V B O Q T C K L Z N C B
N H F K K L E S G M A S E R W F Q E A A O L
E V J Y W F W C V T Q G M Y T M I K N X M D
S I M S I A Y A H A L L E R B M U R W P B P
B O D L A E R I V W S T U Y A F G O D U I S
E L B R C N N L W E L U J A V I C N G S N S
A R L W A G D I X N S A Z O R J P S L H G X
C R W A N O Z C L L E J T G P P O L H D P Z
H Y P B B S B H A E A E L C M F E E P N B Y
T C K D D Y O F Y S R T W M U H F C C H P X
O T M S Q E E S R Z T O S I S L L U G A E S
W Y N D F O E L S U W L H A L N L R O R I V
E P Q F Q B Y W L D S Q E S O B N S J V Q D
L R U D R Q Z V A O S S G S G C P Y A W C A
E L E E F W A L A E V H S I F R A T S U P K
X X C L T A Z J D V S S E V A W N A E C O D
D W I B I G S P O L F P I L F N R N X W C F
```

BEACH TOWEL	BEACHCOMBING	COASTAL
DRIFTWOOD	FLIP FLOPS	LIFEGUARD
OCEAN WAVES	SAND DUNES	SANDCASTLES
SEAGULLS	SEASHELLS	SEAWEED
SHORELINE	SNORKELING	STARFISH
SUNBATHING	SUNGLASSES	SURFBOARD
TIDAL WAVES	UMBRELLA	VOLLEYBALL

#19 - Types of Insects

```
S  G  D  T  S  Y  U  Q  Y  L  F  E  R  I  F  J  X  F  Q  B  I  X
Q  R  N  N  S  X  U  H  E  K  S  B  S  A  W  M  H  N  M  N  H  T
G  A  P  G  X  W  H  L  C  T  K  T  E  Y  U  F  H  O  B  R  P  P
F  S  J  Z  N  R  B  U  Q  A  M  M  T  E  M  C  G  O  E  H  V  V
L  S  W  O  N  A  E  R  P  O  O  F  H  B  T  J  H  D  R  B  R  P
E  H  G  O  A  G  E  G  S  L  O  R  T  G  F  L  I  Q  U  N  V  J
A  O  P  A  F  B  M  Q  H  V  J  G  K  V  G  P  E  M  U  U  E  H
K  P  W  D  O  L  U  C  D  M  J  W  A  C  S  C  R  I  C  K  E  T
Y  P  K  C  O  I  P  I  U  K  Z  K  C  R  O  E  M  M  C  U  Y  C
P  E  Q  L  T  N  W  C  F  H  W  J  T  A  T  C  I  N  D  A  W  V
K  R  T  O  Z  A  M  A  P  N  L  E  Z  L  N  N  J  T  K  Y  Q  A
L  N  N  I  V  F  H  D  M  V  T  A  E  L  N  F  A  U  Y  L  D  I
J  U  H  F  E  L  P  A  O  N  E  Q  X  I  I  Q  H  L  I  F  V  D
H  B  Z  U  P  C  W  J  T  L  R  W  M  P  J  P  F  B  F  N  I  V
T  M  V  U  I  M  P  T  H  M  M  I  V  R  Q  R  P  Z  D  O  J  W
D  E  Z  U  V  V  G  E  Q  T  I  T  L  E  E  L  P  I  S  G  G  E
Q  E  F  T  G  U  R  B  E  X  T  N  K  T  B  J  H  Y  K  A  X  H
P  S  A  W  B  I  U  H  Z  D  E  N  T  A  B  P  A  M  G  R  L  K
Z  K  J  Y  Z  L  N  D  F  F  T  U  G  C  A  P  Y  Y  F  D  K  V
G  M  D  C  E  Y  B  C  G  Y  B  W  W  A  R  J  O  K  P  E  N  R
R  A  Y  N  G  U  B  K  N  I  T  S  B  D  N  I  Y  O  P  K  T  J
L  R  K  H  T  E  B  J  N  X  P  I  M  K  R  O  N  Y  T  J  I  W
```

ANT	APHID	BEE
BEETLE	BUTTERFLY	CATERPILLAR
CICADA	COCKROACH	CRICKET
DRAGONFLY	FIREFLY	FLEA
GRASSHOPPER	HORNET	LADYBUG
MOSQUITO	MOTH	SPIDER
STINKBUG	TERMITE	WASP

```
F Z F J D X Z K A I J E L R Q M D X O W I S
G A N O L E C R A B Z D C O Y K O T C L X Q
R I S T A N B U L B Q K P D O R C D R W S I
M L O U Z D G M A Q A E K S P G W N W A Y K
M J K K W J P T T V V N L C G U S N N H S R
N G Y R Z E M O R A I H G T X Z Q T E E E P
A G X X O R Z K O C M I N K P N O C C W L C
W F P A U Y G G E X Z C K L O R W B F V E U
E Y L A C Y W B J Z N V F I I K A W L I G I
R R W C R W U E Q O W L Z N L Y A G K P N G
H C O G P I J V N E O Q I M T A V S U P A R
L A A P S C S V L N T W P G P C B Z V E S S
G K A H A S D Y D Y E G A I U M U O E Z O H
F F P G C G Y O L R P G H L I H Q Y N S L I
C I Y C L U N P J S A T Q L E O B Q I G M Z
C E F A S A F I Y Z C I Z C R I S D C C X P
Y E D N L S J D S S L I A I I I P E K F X
Z X U C U U N J L M D Y A I T K P A U R H N
B A B U D E L N G I Q C N E X Q V T W D K O
Q M A N Y Z H K T L M A D R E T S M A A A F
K W I O V A P L H G Z Q F Y O A O R O Z H F
G A P E J C R H N D G X H I M R P M P D V Y
```

AMSTERDAM	BALI	BANGKOK
BARCELONA	CAIRO	CANCUN
CAPE TOWN	DUBAI	HAWAII
ISTANBUL	LONDON	LOS ANGELES
NEW YORK	PARIS	PRAGUE
ROME	SANTORINI	SINGAPORE
SYDNEY	TOKYO	VENICE

#21 - Famous Landmarks

```
G W X B J D B T I R L D A L O N T Z N L J Y
R Y S F G B O I L Q V M C T Q B B C Z R G K
Q K O E F P P B B O N O T R E D A M E Q O W
Q A S T G B F F E F N N Y A H N L C H K C B
J G Z L R N E T I G T D U C M L I B E Z O R
B O D B E C G A F O T M O F X Q N B L I L O
P B L G A P N A F R S A X N W W X U K V O O
J F H T T P E C E Z S E J A E C R R B W S D
T I A S W Y H R L S Y P K M W Y T J I Y S J
I I V F A R E O T E N I Q Z A S E K G G E R
V K R N L A N P O T F I S F B H P H B B U Z
A V G M L M O O W T M C A O V C A A E T M K
T M A I A I T L E K R A R T E P I L N O A C
I S Q J O D S I R Q T N G S M V A I W K K O
C T C U M S F S X X J E R H Y W N F D Y F P
A I O F Q C E H X O Z G L P R W G A Y O R I
N Z H T A Z K T H E L O U V R E K P V T L Y
C E S N V A L H A M B R A V U B O F J O V J
I L R U H U H C C I P U H C A M R K B W M U
T Z B O R E W O T G N I N A E L W J C E A L
Y R K M Y W Y H J H W O N Z O W A I I R D J
R I I M T R U S H M O R E G Q M T F Z U R A
```

ACROPOLIS   ALHAMBRA   ANGKOR WAT
BIG BEN   BURJ KHALIFA COLOSSEUM
EIFFEL TOWER GREAT WALL   LEANING TOWER
LONDON EYE   MACHU PICCHU MOUNT FUJI
MT. RUSHMORE NOTRE DAME   PETRA
PYRAMIDS   STONEHENGE   TAJ MAHAL
THE LOUVRE   TOKYO TOWER   VATICAN CITY

#22 - Famous Cities

```
J E R O P A G N I S N R L W T X H D V N F O
Z C U S R B E R L I N R I I C C T X B L W R
F N W E M Y D V M Z J E X X U F A B O D D B
D M M P N O J A E O D E Q Q J K V N P I G G
Y O G H W M D M E K C X H T P C D T A T O G
Z S K W J R O S Y Z Y X U O G O D C R R L F
Z C N U E R S H N P A C G F N S V N I R I H
E O E T D D O E X X O H O G D L W A S D B I
N W S Q G J W H H K K Z D S O O C L X N A Y
I M T G R Y T A V B I W Y S T P I A V T D C
A N M P O J W I A U H D A E I J U S N G U W
L R L R L D L N A O N N P S U S U V W F B D
B R K A U D G B N E G A T X Z K Z E B Q A G
A D H W N K K G Y E C A L V Z L W G H P I U
R G L W O Y K O L Z N Y Q D M W F A K K U D
C N V K F O A E I B N F X B V W S S M N C E
E G S B N T S U U J F N L T I J F O T X T N
L N P G Y G Q L Q N R U M V N K Y K A D A L
O O N E W O R L E A N S R T W K P P Z A E B
N I I T T R B H O U W F K V O O S S Z O D M
A H Z Y K D V P F L L U I T O M W L L P Y I
Q G K E Y D B V E N I C E N U W Y M Y R H I
```

AMSTERDAM	BANGKOK	BARCELONA
BERLIN	CAIRO	CAPE TOWN
DUBAI	HONG KONG	ISTANBUL
LAS VEGAS	LONDON	LOS ANGELES
MOSCOW	NEW ORLEANS	NEW YORK
PARIS	ROME	SINGAPORE
SYDNEY	TOKYO	VENICE

```
A L Y Y Z R F C O G L D K F B F K W Q X J K
J A B Y A W R O N T J I K L A G U T R O P V
O M Q Z I Y T Z J X P E D L V K J R D E G T
N S U S A T V P D N A L N I F S J Q C Q J T
S A I R T S U A B J Z P J N K J B A E H I W
L G I F X X H V L N W G J Y S D S A P H Y Q
I E J C R V P D E Y T K C T A W W J U N A N
R W Z E C A I M A M K N S I I H E O A A E P
E Y B Y U W N I D I E E R T Z C O M M D S A
L X Y C R S T C Q Y Q A Z X Q T R P E N Y Z
A H U N G A R Y E X G E I H G E Q W P S U R
N P N N O H F W G L R U E K G P S A N F J A
D S F R L A S E U L W W N Y N D W I V E R I
L Z C L V R J B A G S A G R I T A L Y L I F
K O X P U C X N G D L J L C E P G F A B C Z
M I J D O P D K E A S I A V S Y B U S A E F
A O B E G L G X O T M G N G W T O L B W L X
A T L N T W A V T F W K D F H A T M C K A J
G I R M T P V N E T H E R L A N D S I Y N R
K L G A V X X M D Q P E Q A E Y M K Z X D E
O V D R I U R K M U U M U I G L E B W D H P
H J N K W S U Y M W U Q E C E E R G F I C G
```

AUSTRIA	BELGIUM	BULGARIA
CROATIA	DENMARK	ENGLAND
FINLAND	FRANCE	GERMANY
GREECE	HUNGARY	ICELAND
IRELAND	ITALY	NETHERLANDS
NORWAY	POLAND	PORTUGAL
SPAIN	SWEDEN	SWITZERLAND

#24 - African Countries

```
W H S U T M Z X J O T Z C M E F P R A Q W K
B K J Q Z B G H V K K E I J H E C W T X Y T
V F U H J M R O B I H F G M C T O A S O U V
Z A B N D H S M T Y G D I Y B J J N U N A H
O T S S N Y N V I L I I T V P A D D T H B E
S I O Q A V Y S F A T D W A I T B A H V P I
Q V U Y D E D T E B N V B R S P B W U O S N
T O T W U N C V Q N P G E T W X R X E Q C H
M R H U S H A W B K E G O L Z A M Y B M L O
A Y A V R Z N A O K L G S L P F I B O A G A
N C F C O G S N H A W R A L A K B R I V K F
M O R A C R H W O M R K K L A E F N E A L O
A A I M C E D A M Q L G E Z Q R A P I G K N
H S C E O N O F N H Q P N M X Z A B A N I M
X T A R R L W H A A L S Y W N D I N W T Y N
F X U O O G D R R L A Q A A N M A F Z T Q P
Z W R O M N E V T V I F T A A W A I W E Q V
E M U N W O B C U L S O G N S F F W R O U W
C G E T U O W C F P I U W T F H M K J X P W
Z J A I P O I H T E N Y O Y F C F T K P G X
I L I B Y A C Q J E U B F T R B J L N X A J
I Z X G O Y O E C G T I P T R J I G N R I W
```

ALGERIA · ANGOLA · BOTSWANA · CAMEROON · EGYPT · ETHIOPIA · GHANA · IVORY COAST · KENYA · LIBYA · MOROCCO · NAMIBIA · NIGERIA · RWANDA · SENEGAL · SOUTH AFRICA · SUDAN · TANZANIA · TUNISIA · UGANDA · ZIMBABWE

```
O D K S Y Y M Y K K U N Z G J F V S C Y X X
B E F Z N V M A L A Y S I A O W H H A Y S A
X S Y F G Q K P N A X P E U N J S S W Q O L
Z S U A R N J P I O S Y N U Y I E E D Y U M
M H X T A N G L B O F N O Y R A D N C E T M
C R C L V Z O G S R Z H O C Q S A I H K H A
D N I G I G A P N A P A J Y E I L P I R K L
U R R Z N A G I L I B F A J Q N G P N U O C
S K R O S R I E S E C A I A Y G N I A T R A
T R M I R A N B P E G S D H N A A L O L E M
B H W Z L S W E A A N L N I B P B I E F A B
V J A E T E M L L R K O I L P O Q H Q R F O
D S N I S F A S G L A I D U X R R P C V O D
U I N J L J H R O O D I S N K E A G I N O I
N Q S G M A D P S N Y E D T I I D M K P G A
B V L O T J N I I I M K H U A S D I N O S U
G N X Q M N O D M G U Z F Y A N Y M W A B L
E U X G Q H V M O H C I C E L S W N H L Y T
E Q A B X R E K O S V O X Z F W U U A B I M
U W P K T N E I W I J Y V V S N J P P M B Z
Y M T F D E R I B O L B S N V I E T N A M Q
V V U U W J A A A D G K N Y I N M S O N K H
```

BANGLADESH	CAMBODIA	CHINA
INDIA	INDONESIA	IRAN
ISRAEL	JAPAN	MALAYSIA
MONGOLIA	MYANMAR	NEPAL
PAKISTAN	PHILIPPINES	SAUDI ARABIA
SINGAPORE	SOUTH KOREA	SRI LANKA
THAILAND	TURKEY	VIETNAM

```
T H W Z W K W C N G P C F L R P K A V G E X
V G T R A V E L A G E N C Y U Q O S J I W D
B U Q Q X B X T Y K R T V A O X O N A D V T
S I J E T X J Y R R Z C L P T F G D Q E N V
A D G D S U I A J E A K G U Y E H P R Q G T
Z E I P N J E A I H N R S V T G Q T S S O R
S D Y K K Y X R P J W A E B I G A I P U M A
L T X H B D O F H Y T E L N C Z L C O N W V
B O B C F A T E O N O X R P I U H K E I X E
X U C V D H I Y T S K B A U R T J E B W T L
C R S T Q Y C C O O K E E B T I I T D H G G
J T R S U C C G S U G A J D Q N A N G A P U
K I Z T C R U S T V X C K C O G E I I M Z I
P H H Z M U I U O E C H Q D D I L V T T E D
D K S A G I S I U N Y R L M K F G R D V J E
X R P D W S I T R I A E P O I F O X M A R P
Z P Y Q B E N C I R W S W O L P I B T M F U
A O G K R S E A S S A O U S S S M D M X F F
N L E T O H D S T C T R D S U N S C R E E N
H H L F X I I E M H E T A R M K S Y M J S V
B O T P R P Y V A T G P F Y M W H G D U V M
E L G C T B W L P U P G K B Z I U M P U T T
```

ADVENTURE	AIRPLANE	BEACH RESORT
CITY TOUR	CRUISE SHIP	EXOTIC CUISINE
FLIGHT	GETAWAY	GUIDED TOUR
HOTEL	ITINERARY	PASSPORT
PHOTOS	ROAD TRIP	SOUVENIRS
SUITCASE	SUNSCREEN	TICKET
TOURIST MAP	TRAVEL AGENCY	TRAVEL GUIDE

```
K G I V W R U O B R A H Y E N D Y S N K Y W
R Y K B U D N B R W W O T S W F E K D O E Z
J P V E G E M I T E T A G L P A B F W G S E
S N I A T N U O M E U L B N P M L E E B O M
X G K T J N L M U P R A V B I E N A G Y A G
R G N I K L A W H S U B Y N P D K F O Y L N
B G T Y L Q N S Q A K E E E W N S D H K I A
O D U G Q N X I F B O T F Z R T A Y L V V R
N H I L E N R U O B L E M G I S V B U P E E
D K I D U K J T Y K K B R S M X R X U B D M
I V Z N G R G K W C W A L L A B Y O H E N O
B S P F J E U E A X W Z Y D K J L S C V A O
E I H T I Y R B E E D I R O O Z U M N K I B
A Q O I N Q T I L Z C T G T O P S F T E N Z
C X U E S U J F D M S H I R Y R T G C U A P
H T P B O I A C O O B T I T V T A V G P M S
S Z O B T C I N Y M O N A D O W P G Z M S V
Y G I N L M K F L M F L F S N D E B N U A R
Y I M U K K W W E L P T I M C A J X V A T W
R Q Y E S U O H A R E P O B I V N X D S K S
S B U T Q E I D H T R A L A N I G I R O B A
K J F E E R R E I R R A B T A E R G A W M I
```

ABORIGINAL ART	AYERS ROCK	BLUE MOUNTAINS
BONDI BEACH	BOOMERANG	BUSHWALKING
DIDGERIDOO	DINGO	ECHIDNA
GREAT BARRIER REEF	MELBOURNE	KANGAROO
KOALA	PLATYPUS	OPERA HOUSE
OUTBACK	TASMANIAN DEVIL	ULURU
SYDNEY HARBOUR	VEGEMITE	WALLABY

#28 - Islands

```
L X Q W R R G X C N Y C N A M S M L H H X I
J K S K M C U G S K Y U C C U Y R B Z A H Z
U Z P F K F L I U C J V A X K N Q L B R P V
E S E Y C H E L L E S P C V I C T Y P G C M
F B L N S A F Y D P R X O K U K C X E A J F
T U E R D S N B W I W H J B M I B L K L M N
A Y E I I C E L A N D C A R W X S E M A W C
M A D A G A S C A R V D B Y A O C N W P H J
Y J F A R O B A R O B Z F Y A B G D G A W Q
C M A F Q U A I O F Q S C E U S I G X G V X
H P F M X O R V Q Y U D S A A O M Z D O E K
V M I O A V O P S I V A T M T V D X N S O R
X S W T H I S L T S N A A F U L A M N A I V
G N Z Q I L C I Z T H H I S G A A T J D Z H
N Z E P E H R A O W A J O I D L U M P O U W
O V L C D U A R O B I D G A D E V Y N L H P
Y S Z Z A Q I T Z F A B N I L O E X G K A Q
J P R M T N P K G B R E V X L T L N B W W U
D Y B S I K P N R U R E J M H A Q K I V A N
J D F U F L Z A A G S B A J A O S U Y M I W
X Y R O U I B X P Z C E Q T E K U H P S I V
Z X Q D B A N Q Y E Z B E R M U D A N R C Q
```

BAHAMAS	BARBADOS	BERMUDA
BORA BORA	CAPRI	CUBA
FIJI	GALAPAGOS	GRENADA
HAWAII	ICELAND	JAMAICA
MADAGASCAR	MALDIVES	MALTA
MAURITIUS	PHUKET	SANTORINI
SEYCHELLES	TAHITI	ZANZIBAR

```
B U V H P Y C E T J K H C A L I F O R N I A
Y K X A I N I G R I V Q B W T E H N Y M F I
F R D U N K A V K A Z M Y S T T Y Q I N T E
K G E R A W A L E D R D R K Y J G N H V E E
A M N R U C J Z W G P I Z I N Z D F N P X S
F D V U L C M M W P B S Z A M I K A I Z A S
V F A F T G A J J O E W L O A A O Y S H S E
E R N V C I S M B W Y N H N N U T X N E L N
Z N X O E S Z H A O J D A M R A N K O V G N
M N I K T N W G T B L Y G L A E D E C Q E E
Q A E A S G V D T G A D I Y B D E X S I O T
X G M Y M G N F A P J L N R K X I N I G R N
O I I Q O U H I U I X A A A R G S R W L G S
B H S I W Y Q R H S Z S C M L K N H O M I N
A C S D O S G U I S K O I H O Y Q F A L A E
O I O L J J J O X A A F M X Q Z R R A P F E
D M U T Z M N H T W V W F L K P Z A B Y O D
C M R I N I T G H W U U K H D J U T M H J C
N Z I F L F G J O N I O D A R O L O C G E G
Y W V L H B I H A I V A C X Y F Z K P Y O L
B S I D O A J J K Q H Z P D A P I G G X G F
L Y X L H K G V H S V J Z H X T D F Z C Q C
```

ALABAMA ARIZONA CALIFORNIA
COLORADO DELAWARE FLORIDA
GEORGIA ILLINOIS INDIANA
MAINE MARYLAND MICHIGAN
MISSOURI NEBRASKA NEVADA
OHIO TENNESSEE TEXAS
VIRGINIA WASHINGTON WISCONSIN

#30 - Hobbies

```
Y G Q S V M N Q B R Y S N G G E E T I A T D
G A F D E O B S M Y I E S J C U H M U G F Y
J Z C R U M W W Q P Y N L H Z L I X X O G M
N V Z A O Z A N M P N R M W J U U T M Y P O
G K N W G A G G C Y P I G M P L G A A X Z D
N P G I K N V Q O S V S F L Z S O K O R I E
I H P N T I I E G E M N L Y B C U A A Q B L
H O R G N T C L Y N D G N I T C E L L O C B
S T G H B X F L C B I I C X M L P U U K G U
I O N O M G H E H Y R T V B Y R E T T O P I
F G I J B G N I C P C W T T C G T B D T P L
G R H P E C K I R R A H W I A I A N Z A I D
H A C W W W X L D E O U X R N K G P I C M I
X P T P R Z D Y D A R M D H I K G N S V G N
U H A Y I F Z P W J E E Z N P O T Y H H H G
E Y W G T Z G X W J N R G E E I H K S G E O
M R D V I L U G N I K O O C N D I T Y C Y R
Z N R B N O N P N N D J G G L P K Y N U T V
Q A I C G U J G X F P B M O B Z I A E Z K R
D J B Z G N I K O O B P A R C S N W Q K R K
H Z D A W O O D W O R K I N G C G X D Q X Q
V V K Q F I K N E T W E N E K L L V Y L Z Z
```

BAKING   BIRDWATCHING   COLLECTING
COOKING   CYCLING   DRAWING
FISHING   GARDENING   GUITAR
HIKING   KNITTING   MODEL BUILDING
PAINTING   PHOTOGRAPHY   POTTERY
READING   SCRAPBOOKING   VIDEO GAMES
WOODWORKING   WRITING   YOGA

```
G V N J U S A W Q F Q S P R U X D G F F T O
K N D J Y I Z K T M N F L I U F N N P E O S
U P D I M S U M P O A L J S Z K X X B K T J
I Z T A K A S S U O M O O A D Z O N V W U G
T B P X J S I H S U S U B S W W A E N G L P
M X Q X X A R Z T J Q V V O V I P M M K J U
U M U Y M O T D F D R J X M H Z P A E L L A
Y C I N L S O C A T I Y A V X W R A D R H
M P L N K R Q P P U O S O S I M S Q R Q P D
X D S O E N I O B J Z D C L L J G P Y D K O
L B B A K L A V A P A T M K G E L A T O C P
J H E L U O B B A T W T I S O K P P X O S N
K W I C R V Z L M H R P T R O T E Y Q U T L
T Z Z J E L H B E R Y N R O A K C A R U W F
T X I W G X T D A F A K L Q I M U T C Q W Z
Q B O H R B U V J S A P R N E V I X S Y C Y
H G B T U O I S S C C L G T I F I S S U D U
W H Y K B O C I O W T D A N O U O E U B U T
S X A P L X O R S Q U P J F F V P W H F D I
X D C I X R F X I C J H Y P D E L V E T O M
R C C K C X V T K L Y Z H Q R B O S B H Y C
W C D M Z S V E A P V F A C Z G Z P N F K F
```

BAKLAVA	BURGER	COQ AU VIN
CREPES	CROISSANTS	DIM SUM
FALAFEL	GELATO	MISO SOUP
MOUSSAKA	PAELLA	PEKING DUCK
PIZZA	RAMEN	RAVIOLI
SAMOSAS	SUSHI	TABBOULEH
TACOS	TIRAMISU	TOM YUM

#32 - Popular Culinary Ingredients

```
Z Z X N K L L K I S K Q C I X O B R X D D A
W J J Z I W C I E Z H M E S Q A Y A G S V P
Z N G K D P R H T Y R U N L M C A K A I A Q
Q C A T E I T B O N E O A M I A R L J A B E
W X Q P C M H X O B M N X G S O T G D I V F
F Z P E R N P X Z E U O O L C S E C V Q E F
T E X W R Q A Z L Q V K E H V R D V K Z T V
R N P T G Y M L N G J A H P R D V M I B A Q
P J T L A H G I E V Z I N R O W J E G L L P
M G O J R M D S D L C S J I O I K R L M O M
P K M T L J E A T F C J N N L P S K D M C F
T H A C I Q E B J R E H I O A L Q E R R O G
C M T H C K U K A H C O F C M R A X K U H R
W E O W F C P G W L N Y G T H A S D Z O C V
U R E H X F U Q Y S T P D P E E N U F L P L
F C S M T S E L K H H N J Z F N E N R F N K
L H H Z O B B G A B F E E B S O W S I L R E
L Y V I U L Y T G O Z Y M D R U J I E C F T
R Y E T C K V V P S V W Y O X Q R E G N I G
V H T C K K O Q E X K O N B K V Z S W J B S
X E C H L W E R C S K S H F A K Y E K Y O U
R E B M R H A N T T B U L M N V X L O B L R
```

BASIL	BEEF	BUTTER
CHEESE	CHICKEN	CHOCOLATE
CINNAMON	EGGS	FLOUR
GARLIC	GINGER	HONEY
LEMONS	OLIVE OIL	ONIONS
PEPPER	RICE	SALT
SUGAR	TOMATOES	VANILLA

```
F M A R I N A T E C B V E E C Y Z A W D Q E
F A U S D E U F K C R E M M I S Q X D A U P
U V S J E K T Y D X J X Y A F F R G K E X I
F A J B X A I U M J D R P A H K Q U S N Q A
J W P H H A R Q A E R U G C C U W I G K G P
N T T J M Y I G N S N C R A T S I O A K P I
J N K P G R S N S X T P A R V O I Q X M U N
B W A T T S E Z W O V G T A B U X C S Q R X
Y V N V V I R L K N D X E M A S X A A N E H
H S X Q L F T C A C Z T U E L V P K V W E X
E G J U Z U B W Y W U C J L I I G S Z L N D
V O J J R P W R W C E U F I O D L I J D W T
R V M G D J N S A C E Q J Z R E G H W T E Q
F E J N O B S P I I O Z I E B Q P W Q E T K
W F W B I P L D N P S L A L Y F P L F R S J
U R N V H M O A F W P E D L O F I B P K A M
D I F J R B F A N O Z P E R G N T S N K B G
K U G K L G A H C C K H V V D G M O S B V J
R C N Z M A K O I H H E Z A L G E D J P H C
N F K H O A S R B L E T U B F L W M Y I E B
X H G I S E F P J Z R W E Y Z E L G J P P Z
X U G S D J Y C X N S Q T F P Z V S N K T Z
```

BASTE	BLANCH	BRAISE
BROIL	CARAMELIZE	DEGLAZE
DICE	FOLD	GLAZE
GRATE	JULIENNE	KNEAD
MARINATE	POACH	PUREE
SAUTE	SEAR	SIMMER
SOUS-VIDE	WHISK	ZEST

```
R H J R U F Y U B S L M L G W H O Q R V O V
M Z V F N U P Q W C J H H D D U A M E Y Q G
C M N M A M R C W A L V N C O R R A P I C W
V D F T E N L G M P J E S E N A P A J R W X
E D Z V R A Q M S F L F H J L G H P E J O I
V M H E O C B H P E G O T A T E M R W W W Q
U C I H K I L Y A G M V J Q U R E P K V H C
Z N G O V A Z O N H Q V Y J R M X T K N E T
E A F R H M E I I E B J R Q K A M U A F S K
H I A S C A W W S O M Z K P I N G Z S M E N
Z L R K N J N F H O G Y F I S S F P E T M A
N A G H E T V E R N P R S R H E X X Z I A I
P T E K R A X O V A D A W F S N I I L Z N S
S I N R F O C V T I N Y K E Y C L O B K T S
L B T E W C F W Z D L U N T A K T Q I U E U
Z V I R A T Q F R N E I N N H U Y J M I I R
G R N N G Z A O N I H P H M M A K Q H L V E
M H E P Y Q F N F C T M J G R K I E X F X F
U G N F Z N A I V U R E P P B G D U E F H O
P C F F B N A I L I Z A R B F C C X B R E B
N A I P O I H T E K W L E B A N E S E U G P
I N N G B B F C D B T G L U T Y N O U E L C
```

ARGENTINE	BRAZILIAN	CHINESE
ETHIOPIAN	FRENCH	GERMAN
GREEK	INDIAN	ITALIAN
JAMAICAN	JAPANESE	KOREAN
LEBANESE	MEXICAN	MOROCCAN
PERUVIAN	RUSSIAN	SPANISH
THAI	TURKISH	VIETNAMESE

```
T X E D J R N E E O O K V Z C D I K N H Q J
B X V N A S Y P G C A E S A R S A L A D D D
K A A N V O Q M E W W D X C M N I I P C B N
G B F N H E E D V O O J A E J N Y I O E N F
C W D D M I F W Q K T R V E A A C L S V A B
E M K C B J C V E S B I G Y N D Z I V I C K
L G K X Q S E O V O P O R U M N W H X C H R
L R J C L L C K N W U I M R L U U C Z H O R
I E A E U X I A N L B K V U U W C M A E S N
U E D S R D R M A Z W W Z R V B Y F S L D S
O K T P L A G S X S W A F O X B E H S Q B K
T S S A H A H N B Q H X L V I M R T U I Y G
A A V N I W S Z I P U V U V V I D E R D J S
T L D A A S X A T K J I R T M L S Q C I U S
A A X K H N A J G E E H C P N A B E T S U C
R D X O T P A T T N K P S H D B O L H B F K
Z L D P D X C G I J A C X I E V R I W U J R
W D V I A G W S S J A L L M O E R E O I G X
Q R V T P Q D O Z M A L O V C O N A N Z X Z
A B X A Z Z J Y P H A F I V L V Q H E I T C
Y A G M D A Z I T Q Q V D L R W O G L T U C
C X T C T L G C A L A S A M A K K I T T I P
```

BBQ RIBS	BIRYANI	BURRITO
CAESAR SALAD	CARBONARA	CEVICHE
CHILI	FAJITAS	GOULASH
GREEK SALAD	LASAGNA	NACHOS
PAD THAI	PEKING DUCK	QUESADILLA
QUICHE	RATATOUILLE	SHRIMP SCAMPI
SPANAKOPITA	SUSHI ROLL	TIKKA MASALA

```
B C N X J H V V A W F V P R L Z T Z C K H N
D U H X U C O E Z M F C M G X C G P G G Q V W
P L M A N T T D I H A A R O O T D D G N P I
H G M C M D C L A P Z E V V Y Z Q S O B O N
R V L T E P K O P H E N L N E D G G E M X E
P A N C P S A U R N G O O Y R M T E D S H Z
D S I M H I C G J U E K T B J P R Q Z B J E
F G S A V C N U N N S N I Y B M D P W H K C
K B K W I O I A W E J K J E I H T O O M S I
T E X N P C D W C V G R O O V E E P J V J U
V G O J E Q X K H O I S M Z H B L F N L N J
I F Y D Q L B O A I L O S S E R P S E W X E
B D J A X V V L G H S A T B W U E K Z I G G
A F U P E Y Z A L T B K D G P X U R O R D N
O L H B Y T F T K J P A Y A P B T Y X G C A
O Y J S I P D T G M E E F F O C R P Q F K R
J Q Q Q Z N Z E K G G M H T N S L R V C G O
F U B F T K I A S W T D A C L E M O N A D E
A P O E H G E T A L O C O H C T O H W G X O
A U X O M E M S R K V R N Q N Y X J C Z Z P
Q X I Q T M A R G A R I T A S K L Z I H N C
M N H G W J E Y I V M W Y E W Y Q R U U Y K
```

BEER	CAPPUCCINO	CHAMPAGNE
COFFEE	ESPRESSO	GREEN JUICE
HOT CHOCOLATE	ICED TEA	LATTE
LEMONADE	MARGARITA	MARTINI
MILKSHAKE	MOJITO	ORANGE JUICE
PINA COLADA	SMOOTHIE	TEA
VODKA	WHISKY	WINE

```
B F B K L I M D E M A E T S F W Y Z M A V Y
C J I Q H K C X I G V H X U R Z U G E N B U
F F J G C H A I V P N C C K S T G T Q O A G
B X P Q C B T T X B C G I T L F R N U G L V
P R H O T C O C O A M Z Z H A E S S N T T B
Q R D O N A C I R E M A W L G M U M X E L L
I V B L A C K C O F F E E N C Q C E N H C J
O D G O J G Y Q C D W Z I I W X E I K G J V
J T C U V J I O A W A G D H Z E W B F B E N
V N P L A T T E P U S P A X O D X M H E B E
E E V O G N J A P R S C E W E T I G F V J E
G R E E N T E A U U A U T L Y E C F X U W W
N R P F H T Z E C Y I V L Q S T O I U N M U
K D Y L H D Z K C U L U A R G C P O D R L D
V I D A N H N Q I H M H B X A Z S X I E S E
O K D T G W S H N H J P R R E S H M K H R Y
Z M O W O A E T O I T Z E O E B K L R J Z C
I U T H E J T H N A A J H R H C U I H Y P J
K B T I A S Q S Z K J H P Z H R U N V W U V
Z B O T T F T N G P V S O V S M O C H A K D
F K H E T H O T H L E R T B F N Q V H T W L
L W A E E F F O C H S I R I B T I Y B K O L
```

AMERICANO	BLACK COFFEE	CAPPUCCINO
CHAI	COFFEE	ESPRESSO
FLAT WHITE	GINGER TEA	GREEN TEA
HERBAL TEA	HOT CIDER	HOT COCOA
HOT TODDY	IRISH COFFEE	LATTE
MATCHA	MOCHA	MULLED WINE
STEAMED MILK	TEA	WASSAIL

```
O C H O C O L A T E C A K E W D O B D B R B
I E K A C E G N O P S I Y C D C F X P S S P
M X G Z H S N V I X I E U W T A J A G E E I
P E X P V W K S W F E Q N P V T N E L P K T
I Y E F O E B S N L Y P U O I N D O X D A H
B V H I T C I A U O W Y L Z A Y R G K O C K
N V U I P N I R N S R V T C Q E P G U N T B
X G X P R N B L S A A A O U T S T A S Y O G
O L N C A E A R C P N T C I A R M S I C R N
J G S I M P I C Z H T A F A I L Z X M F R I
I W A E D A P H E A E O S F M I X N A O A D
O A R A L D G L V P R E L P J Y F D R A C D
L C T C T T U H E P R E S S L H M W I W O U
Y K E Y I M F P Q C O M O E S I G M T N T P
P K Q T R B S Z D C R G H S C P T M Q Y L E
M Y O H C W F W P A C U G F E A K O H T E C
J E R T R A T N O M E L M M O R K R O X F I
S E W A E D O Y E N M R C B W N O E Y N H R
A P P L E P I E K Q T Z B W L Q U M P N Q V
U T V W Y S N A Y I Y O X N I E S C S N F D
J U N A E D H X P M J B R O W N I E S H X X
U Q A N C W C T T G Q N M X H T I K C U V Q
```

APPLE CRUMBLE	APPLE PIE	BANANA SPLIT
BREAD PUDDING	BROWNIES	CARROT CAKE
CHEESECAKE	CHOCOLATE CAKE	LEMON TART
CREME BRULEE	ECLAIRS	PAVLOVA
MACARONS	PANNA COTTA	RICE PUDDING
PECAN PIE	PROFITEROLES	TIRAMISU
S'MORES	SPONGE CAKE	TRIFLE

```
O S O L Y H M N I R A O Z U F S O V L C R S
W S B C D Q Y F K U I Q M O O A Z L S F M G
T S N D L D D V V H S U D E Y U X C C E I H
F W E N I W C L C J G S X A R D H E G Q K G
B F A O E K B A A E F N C F O E B D G R M M
L Y P Z X R T M L L W I O V O Y U P V Q Y M
U R O P N S W B C R L S U H Q F B D C L V M
E R L A I M B Z Y C K I R C T Y Y N I G H B
B E I P R U Q S F C P A N N P N V L R P S N
E H T O B E J X A P C R I A N E E E X U T A
R C A Q X O M R E V C M Y N V M E P L L R C
R K N R E R T T N O W U O X A N O G Q J A E
Y C F I Y E A T C E R R R R T N V Q M S W P
H A S Y S L F O U F R C A E U A B I Y O B R
O L G O O N N H U Z S C A M P Y N K G I E E
T B O C I U K T T O G E V Z Y R C A P Q R T
Q M O C T T L T F N J U O I T O E D N K R T
J H V M A N G O S O R B E T F T C F E A Y U
C F K U H H Q O R R D G E F P B P W X Y B B
B H M Y P I A V A E H C E L E D E C L U D G
Y V J O Y L K Y R Z D E R O C K Y R O A D B
E C O O K I E D O U G H N S C H L H P C O C
```

BANANA   BLACK CHERRY   BLUE BERRY
BUBBLE GUM   BUTTER PECAN   CARAMEL
CHOCOLATE   COCONUT   COFFEE
COOKIE DOUGH   DULCE DE LECHE   GREEN TEA
MANGO SORBET   MINT FUDGE   MOOSE TRACKS
NEAPOLITAN   PISTACHIO   ROCKY ROAD
RUM RAISIN   STRAWBERRY   VANILLA

#40 - Pastries

```
M V V D T B I B S O I F D F F G V C L Q D H
T T R E T H T N M J S E W V S J H R Y R K N
K B M F H N A Q N W P C R T L C N X Q N C M
Q K W S W T A T C R M R O V N K G Z K A R B
E M Y G E R Z S A H D C X N D G H E N V R J
L E A W P R F E S R O R A L E U J N S I M S
E Z P C G D A O H I T U W F N B O P O F U Z
N D U L A Z T E N G O L X M K L X C V L I O
A R X B L R X O S F Z R E P I Y H E E O M U
C M E I Y O O W M T E L C T A E D K R L I O
W W E I M X R N S T R U D E L S Y A E T L X
N B C A M A B N E T T E L A G D T O L T L U
C O L D L L D W O P E X C T C A M R W A E J
U T A D B B A E A M L S K G Z N G H Y V F J
D J I Z I M E P L L A Z Y Y T I V A Q A E D
Y I R F R Y W I S E C N R V Q S U W W L U N
G A K R Z X I T G S I R N G J H P L W K I Y
D H U O J A K L N N I N A I X Q A D I A L Q
X M U Q D E N C C H E I E E C D D P U B L Z
Q C U M M G I P V H L T Y S B Q G P D Y E N
W T V U E Y R T S A P F F U P K S S T D I D
A S V U I Z N N A M A N G I U O K O A K B Q
```

BAKLAVA	BEAR CLAW	BEIGNET
BRIOCHE	CANELE	CANNOLI
CHOUX PASTRY	CINNAMON ROLL	CROISSANT
DANISH	ECLAIR	GALETTE
KOUIGN-AMANN	MACARON	MADELEINES
MILLE-FEUILLE	PALMIER	PUFF PASTRY
SCONE	STRUDEL	TARTLET

```
Q C E O R U Z U N R S L P Q H L Y W F Y Q F
K E B W I I U E G P I Y I T H Z F Z I E V U
D P Y A I V Q U F Q P I E R R E W H I T E X
P U H T T U B T Z B X G A S S J C Z W O J K
L C D B G A N I O C U Y A L Y U B O C U S E
R K H L P K L H K B J T F G W I K M M T A G
Q B S R I V C I E P F R Q L R Q I K S R E N
R L F R U H C F W E Q L K E A O D N T A G W
U U N S M G C T S X C W I U T Y E F Y S Y K
V M U J R O U S A C K F A U P D U W R O Y D
X E K N S T A I J E F O S U Y W F G J K L M
H N W H M G R U C I A F V B Z L A D E A N E
Z T B H A D J L P S R E T A W E N L W E E F
H H O L A F S E R D N A L L Q I L S W S T H
P A U C S F B B R A M S A Y X E O C F S R S
G L R B X U Q E F P O S P X R N D L C A A U
Z P D B T L V I X J B G N E N Y A R T C G E
E T A U E Z G D A N Y D Z G P L L O J U B Z
Q J I C Q R D A L O Z Q M C B I D S W D W W
X Y N M A I U R E V I L O U C R N M G B E F
V M B Y U K X S N H L Z Z I T J C T H J G O
G P B I A W M P S R T A Z E K V G D X K O U
```

ADRIA	ANDRES	BATALI
BLUMENTHAL	BOCUSE	BOURDAIN
CHILD	DUCASSE	FIERI
FLAY	GARTEN	KELLER
LAGASSE	LAWSON	OLIVER
PEPIN	PIERRE-WHITE	PUCK
RAMSAY	RAY	WATERS

```
E Z N C D P X U U K W Y G N Z L F W E P C D
B N P V O A T E R A E P S E K A H S X Q L Q
E D Y S A O J P F H A W T H O R N E A K A D
L W L P K L Q W O O Q J M E L V I L L E O C
X F H D I C K E N S A J E R S I D A U L H H
I V N F C Q W R Y A W G N I M E H L M F D I
B M I M W S G H G E Y A B A U Z O L P Z I C
U U X Y R U X X H C D C E D L I W A X T H D
Y S R P X F O P J Y Y Y S P P A C N X A Y K
V G Q B T I S P T O K Y Q Y O Q V P F V F D
F S O N H K T S S J S D O Z H Q Y O O R J M
A L I D D A N O E N V R W I W Z L E Q Y O X
Y Z O J Q F Q T C H E A Q B Y F L D F E R G
R B Q O E K S T F U O H Y I N I E Y M L V L
S S V R W A Q W Q G T Y M I E T W I I L E C
K B E P E P I I L O S W W R T Z R G D E G M
M S C A D N I A W T O T G J S G O F E H V W
X C N E T N O R B O D V C J U E D T F S S D
C K C E B N I E T S W O W S A R X T T H U M
Y O T S L O T K D X R V N V P A V Q X T V A
L O I H U U H P A F Z R U S W L F T E D U K
I U A R J X F M L J Y I O R X D J R E J Y I
```

ALLAN POE
AUSTEN
BRONTE
DICKENS
DOSTOEVSKY
FITZGERALD
HARDY
HAWTHORNE
HEMINGWAY
HUGO
JOYCE
KAFKA
MELVILLE
ORWELL
SHAKESPEARE
SHELLEY
STEINBECK
TOLSTOY
TWAIN
WILDE
WOOLF

```
S M E T A P H O R W E F G Z Y A C N M Q T Q
G D M H E R C M O T I F B Q E I H T A K E U
W O L C S H L F J K L D G D R F Y N O R I V
E O X X M P V I I U S N X Z I V P I V G T D
B H O Y I M B V M C K Y P X T L Z Z X A S Y
P N T A M O W N O A H N D F A P W Z S T P A
F T D G S O J W H N G W A A S Y H K Z O U S
P O R R Y O R I Q V M E L R A R N V R W I O
E A U Y M V K O A F R L R H R P S E V M W T
O A J Q B A D J N L E A D Y J A H F I N S I
V P U O O P B F Y G X X S S I W T L P O L O
E R R A L K A D O W J O C O O E E I L T H P
U W E O I R K R M Z J D S Z L R N I V W E W
R Q U K S E Y H S D V A W T Q I E W N E M Y
Y P S C M E R E T C A R A H C E L H B L E R
N J X A O V P U X E J A E Y N G B O I C H J
X V H B V B T N X A R P Q K Z Z P L Q T T J
S W W H X L S L P R Y H N W W G L T F U N S
T W J S N M E M O E M Y H R I O C V T Q Y A
R X S A Y D A N A L O G Y N O I S U L L A Y
T E N L Q T W P V D Z S O Y V T K M H Z S A
X D I F J E H Y P E R B O L E V N A K V I H
```

ALLEGORY	ALLUSION	ANALOGY
ANTIHERO	CHARACTER	FLASHBACK
HYPERBOLE	IMAGERY	IRONY
METAPHOR	MOTIF	NARRATIVE
OXYMORON	PARADOX	PROSE
RHYME	SATIRE	SIMILE
SOLILOQUY	SYMBOLISM	THEME

```
Q V P K E P O I K Q M Q H J W C Y H C H G N
C X S Q C F L A P P E R D R E S S B Q C C A
S A T J N K J K F S A F H T Z I Z X B V H M
S S T O D A K L O P Y D I D S A S L R A E P
E Z T R I K S E L D O O P T E A M O N P J J
R F B B C Z L N T B E L L B O T T O M S U H
D E S M R O F T A L P P C P V T U N Z G X J
E D N Y B N Y T C R I N O L I N E H V H U M
N O X H L V E R B Q T M A R Y J A N E S Z X
I R Q P Z S H J R C A E T N K J V G O G A Y
L A O Z R Z M C I T O H K A T S A R J I F H
A B D O A U E T P J C C S C O A M V G A C J
O J C P E Z L M K H T O J D A C O F J C P R
C B L T B A J V L O S O U T X J G C G G Q I
U F I C V D E W G G I R L K A X O N A Z D V
H C P L V Y Z I H G A B T C V H U R I E P Q
D N Q S N B F A N E W O I A D F R Z E W P T
T K A M R F D O A D K Z C B W E O E F L S X
B W T A H R E T A O B F L M U Y A J L I O M
I K L A C E G L O V E S S L J H M P I W P B
Q Q V T R I K S L I C N E P R V Q W J V O J
N E Q H S L E E H P A R T S T Z C Z W A M B
```

A-LINE DRESS   BELL BOTTOMS   BOATER HAT
BOLERO JACKET   BOWLER HAT   BROOCH
CORSET   CRINOLINE   FEDORA
FLAPPER DRESS   LACE GLOVES   MARY JANES
PEACOAT   PEARLS   PENCIL SKIRT
PLATFORMS   POLKA DOTS   POODLE SKIRT
SWING COAT   T-STRAP HEELS   WAISTCOAT

#45 - Vintage Clothing Styles

```
C Y L I M U O B P G G X K T O M G L O F X J
T N Q G U G N R B X K B Q O Q J S Z W X A M
R M R N A T H H S O I R E U M R R A L C L O
Y Q L L P E I H Z A H C S W V A R O O F A E
P G I R I X U L S Z N O H D I S C O F C V Y
W D T L I W P C I A G B B C K C B L Y E E P
U I F G Y G U W S T T A I X I N A X N R I L
I Q S B R T N S H U Y R X M E P V M B D D Q
W T I S P E I O K R C W Q N P A P A O O E F
A R G W U A A V S L O D E E B S Q A C M M R
U M Z V N D D S E B Z C R A Y T T R P E T P
H A A E I I F S E S I C K C R D B O X F F Y
F D R G P C K G E R H G H A G Z W O Y Z Y B
Z W L O Q I T U L G K E T L B E W V B P K E
A X G V R G M O H A D U A V R I N T R O G D
K L C T H B I V R E M F D S L R L O J Q U W
D N C C M C Z B L I E O U M H O E L H C N A
D W J B B J R I M Y A I U F T O K I Y V W R
W A C H C H C L D L T N N R V G W O K A Q D
B Q L M R Y Z E E V A W W E N R N S D K S I
N Y C N E G E R A A R T D E C O N A A I M A
W I J F W E H S V Z N L F M I N V K Z W Q N
```

ART DECO	BIAS CUT	BOHO
CIRCLE SKIRT	DISCO	EDWARDIAN
FLAPPER	GIBSON GIRL	GLAMOUR
GREASER	MEDIEVAL	MOD
NEW WAVE	PIN-UP	POWER SUIT
PSYCHEDELIC	REGENCY	RENAISSANCE
ROCKABILLY	UTILITY WEAR	VICTORIAN

#46 - Vintage Accessories

```
B E E K H F E A T H E R B O A A Z X Y T L P
E K Y M R F G T Q Y N K G V O B O I B E U A
J E I T T O C S A G M H J R L Q P P T T Z T
C B L R Q P V G X H C T A W T E K C O P H X
U O U O I B I Q S Z H A I R C O M B T C N S
E J N A F W C B C R M Z Y R J V C E O R G P
V T S Y A M W E G A S R O C M F K O E I A J
E V G Y V G N H S C Q P K R O F R G U H N G
N S K D T X S E F A U H A G J B T Q T H T W
I I A E O G B T A F Y C F R O Q J C O P E Q
N L T L F F Z O Y J L K P E A O V E K W L Y
G K Z O V H S J A O W D M N O S D H B E G S
B S S T N Z S C C Q O A E U W C O N O N P Q
A C C S H M E H R E C A L K C E N L R A E P
G A L R E V E E Q A C O M P A C T D T B K O
S R S U I H E L Q A V J A S L Q P S C J H B
H F T F A I U S O X W A S E V O L G E C A L
B J L T U Z W B P L V P T B J F F A Z N E A
C U F F L I N K S I Z N O O S L Y Q O E I U
C J J N Y F M F X E D S U N G L A S S E S S
P B M I Q J V O U V W E S R U P D E D A E B
M K J A W S S C R Y I Y W M Q X L A Y H Z P
```

ASCOT TIE
CLOCHE HAT
CRAVAT
FAN
HAIR COMB
PEARL NECKLACE
SPATS

BEADED PURSE
COMPACT
CUFFLINKS
FEATHER BOA
LACE GLOVES
POCKET WATCH
SUNGLASSES

CAMEO BROOCH
CORSAGE
EVENING BAG
FUR STOLE
PARASOL
SILK SCARF
VEIL

```
B A M N E N J G V M S R D X U O S D D W G S
H G G L X C M O E Y N U T R O F J D W X M V
W A B I H S K I L L E R A P A I H C S H Y X
N I G C E Q L P Y W S M J E A N P A T O U O
R C O C I M P E F Z U Y R Y Q W D S L E L L
E N F I N X Q A L F K I Y U L N N I J X N M
T E Y R I A T G A O R B W O W G Y V O Z S P
A L D A S H Y F V J N U N B G E G H K R N X
O A M N S G R Y X K J G N E L E Q Z G L F K
Y B P I A G J E G Q D Q N A U W F Y I T A T
Q J V N C R W P D R R D E X J D F U V N E W
L J G S F U A Z B I V I O N N E T R E E P W
B F E S L B G Y A W T F R Y F L B E N R A M
M H F L C N M H L R C H H H L O M H C U U P
J T W E L E W A M S F Z H E O F C C H A L O
W R J K Z E M J A M C H D E T B H O Y L P T
B O X X H R N N I I G R U T A R A B Y T O R
S W E M F G Y T N D A X H F I D N N A N I D
G C E V C N I H R C R S L T L R E I D I R N
V R B H V W D G C A A E C B G P L A G A E M
Z B J J R T B M B T H I C S Y P J M V S T W
Q T S S Q J T C B P U J J I P Y H A I V E L
```

BALENCIAGA   BALMAIN   CASSINI
CHANEL   DIOR   EDITH HEAD
FATH   FORTUNY   GIVENCHY
GREENBURG   HARTNELL   JEAN PATOU
LELONG   MAINBOCHER   MCCARDELL
NINA RICCI   PAUL POIRET   SAINT LAURENT
SCHIAPARELLI   VIONNET   WORTH

```
O J D I H V B O U F F A N T S E L L V U T L
S J H S L I D Q I T S I W T H C N E R F B T
R N K U H I M X I L Y Z G H X L R Q D U L U
T O L B I O A E P R G O X Y T F A S B F X T
S Y R D I I R T C U B D Z V H Q U B G I R H
E L I I S W I T K U T K X C Q N L I S N U J
V Y G A L W F A S C T U Q O S E A F S G O C
A O N R R K I Z Z H U C C J C T L H J E D U
W N O B U O R H L C A D U U P A Z P Z R A C
L J S L C T U S Q V R G T R P W J A S W P O
E D B I N C H I G N O N S P L O U W P A M C
C S I A I L E V P O X X E V S Y H V Y V O K
R O G T P U D T K T E R J K U E B U L E P Y
A U N H K H C Y Z E B L G M J N M O Y S L H
M A X S V N K K X O I D T L B B C V B D G X
A C T I T I F X B H L B X H S K C T Z U P E
E F W F X Y E Q M P H G H H E L Z K T I C V
Q X V R I A H E I P P I H O W A I Y J F E I
W P E P A G E B O Y R F O E L N F Q R G V H
O W P H Y H Y Y Y D G T T Y O Y L R H A U E
V U S L L O R Y R O T C I V P J X L O F Z E
Z H C Y S M P I X I E C U T H L T P L W G B
```

BEEHIVE	BOUFFANT	BUBBLE CUT
CHIGNON	CURLY BOB	DUCKTAIL
FINGER WAVES	FISHTAIL BRAID	FLAPPER BOB
FRENCH TWIST	GIBSON GIRL	HIME CUT
HIPPIE HAIR	MARCEL WAVES	PAGEBOY
PIN CURLS	PIXIE CUT	POMPADOUR
SHORT SHAG	THE AFRO	VICTORY ROLLS

```
T E L E C T R I C M O T O R S E N J T R Y I
V E L S H W D A A E A T Y M V M U O Z O Q T
E R L T L S S Y W T O I S C G C H D K T C E
E M D E Q P A E W N R R U Z E P G V K V L
X I V A V W Q E D H A I H P N Q W W V L T E
S C A M L I B Z A C R X Q W L T S C U K U G
X R C E H N S W A S H I N G M A C H I N E R
F O U N P G C I C A M E R A Q F N E K P P A
Z W U G I M I W O N W P F Q I E K E E R G P
M A M I H A J Z R N U J U Z P L Q W U Q N H
B V C N G C S K R C O M P U T E R Z C L A I
T E L E P H O N E U P P E N I C I L L I N X
C O E H L I L T M Q U X R A Y M A C H I N E
I V A G U N K I T H R E F R I G E R A T O R
W E N L A E U U G I N T E R N E T P L I M V
B N E H Q T B S N H V T Y P E W R I T E R K
I P R R V S F T Y K T Y U L U K H Q K R U J
U S J S A T J C S Q U B X K M B U S V F O U
N M J S A D V K D B Y O U B L T X R M Z M N
M Z Q Z V Y I N Z K N U N L W Q H G S S B G
U D F N X Z W O L O U H L Z B A E C P X C Y
P I P P D U P R I N T I N G P R E S S N O Y
```

AIRPLANE	CAMERA	CARS
COMPUTER	ELECTRIC MOTOR	INTERNET
LIGHT BULB	MICROWAVE OVEN	RADIO
PENICILLIN	PRINTING PRESS	TELEPHONE
REFRIGERATOR	SEWING MACHINE	VACUUM CLEANER
STEAM ENGINE	TELEGRAPH	WASHING MACHINE
TELEVISION	TYPEWRITER	X-RAY MACHINE

```
L D P I P U S I P A L Q G U T E N B E R G L
Y W C Q K J B C O J A H A F L E M I N G G Y
E A A B E R N E R S L E E W K R W M Q I J F
B S D I S X F K F L B Z B U U W K A M A X X
M H L W N N U P G O X T F P X W L I T Z O Z
W I O H Y U M A A P U G D O J K N B F T I Q
R N V K O C S M L A P V R C H O P E H F Y H
I G E L P U C A I S N T N A C O S B U N X R
G T L T T R E M L T R D G R H R K J C S M E
H O A F O I Z Z E E C Q A Z O A N T G N Z D
T N C R J E B D I U E M E M I A M S X K N L
B C E A Z Z R W Y R D I Z I B L D B D J D Y
R A B N A Q Z O B L I V Q W N Q N U E X W F
O R Y K M C F R U I S G Z F Y S L M I L C S
T V R L P T R K W K O F E Q E Y T J N M L C
H E C I D U E M C U N Z O X G S D E Z L N K
E R C N W B N S O M Q W H I T N E Y I U F S
R F Y E O O E Y L T S U L M L R L K C N Y Q
S L Q O I Q W S B A S F K L B A B B A G E R
C L C P W U T S O E H D O Q G N P Y K I E I
D U O A R K O Y D Y L K E R T M C M B H R J
X L R Q Y N N E E Y A H L V D U H L U A B N
```

BABBAGE	BERNERS-LEE	CURIE
EDISON	EINSTEIN	FLEMING
FORD	FRANKLIN	GALILEI
GRAHAM BELL	GUTENBERG	LOVELACE
MARCONI	MORSE	NEWTON
PASTEUR	TESLA	WASHINGTON-CARVER
WHITNEY	WATT	WRIGHT BROTHERS

```
K N O P W M A T O J E C O W F I P I X H Y F
Q G J A C K S O N Y V N J D C A C L U M M J
G R E T Z K Y G Z R X Z N B Y E R R E I N N
G C S Q T E Q C O E J A A J N B H X V E I C
D G R P U A T B K S V X U A D N S I W M A Q
R R H U I I I F D R L W M A F O L I J B L V
K W C M T N E G A R I O O O A R N S I L R A
I E W V S H J T W L C Z Y F Z R A U U K E T
D W D O U Y I A L T S Y E J S S D O H N B W
C A N Q K L X I M A E L E P A V R Y S D M U
Y F F C O K A D Y E F T H W P Y O X N R A F
H S E V I M P O Z W S M W A G D J I H E H M
G N A D S J W F Z O A R V N G B N L I Z C E
F E D E E M S H O L A S I Q O A O F X J V N
U W U W R R E F I S R K A L D G P P O L R H
V O O J O B E P B T N I T I D N O H Y L O J
M D H O C J D R G A K M M E N W N V D Y N O
J B X A D N W P E O E Z O H I S X R A N A N
N X R B V S G J R M X Y J S O N V B R L L X
P T W J S K E Q R M R O S N E B R C B K D Y
M I Q T T E E J Z G V E O Z A N O L G O O U
U T V M Q G V I F V M D H H W U B U P U Q U
```

ALI	BOLT	BRADY
CHAMBERLAIN	COMANECI	FEDERER
GRETZKY	JACKSON	JAMES
JEAN KING	JOHNSON	JORDAN
MESSI	NAVRATILOVA	OWENS
PELE	ROBINSON	RONALDO
RUTH	WILLIAMS	WOODS

#52 - Sports Teams

```
D T J Y I K S Z R E H W J R V Z C F G K A M
I B R U V E B Y P X J F Y P H Z H S K J V D
R B F G L R P R B S M S F V P V L W V K G Q
D W V G I Q J B R A A Y G M Q N I L D Y R D
A K A P R C A E N I R H S N H I O L R Z Y L
M E L A O M L C U B S S S Y I E M W M S R B
L Q M M V E H D F B E T N B K W E S D T Y L
A A R S E E O C T R N O C Y P Y D Q J J L H
E O Y T S D O D A A A I F W P S R E K C A P
R B S T G W N S E K L R M Q C C Q J R U S G
Z R E E B X X L H M F T W C V Z C Q S J F O
K R R O H W Q L I X C A K J V E J R X T A Z
E S Y H Z P Z U M W P P S C L R E O Z U E L
U S T U C I V B A A N E Z T H N S I H M L N
E D P R V M Y Z I R W W I S R E K A L D E W
M U J H M B K A M R E C T H S S L G U M L G
C K E J P F X F J I S U Q C L E X S T H P L
X U V L U D W L O O D T I D Y E Z X E O A X
X O S D E R R V X R Y W H E Y K O A M A M K
L I O L C M G F W S X W R U F N O F A I F A
T C R S R E N I N Y T R O F D A T H I T G C
P X O V A N O L E C R A B C F Y L H X K M Q
```

ARSENAL FC	BULLS	CELTICS
CHELSEA FC	COWBOYS	DODGERS
EAGLES	FC BARCELONA	FORTY-NINERS
LAKERS	MANCHESTER	MAPLE LEAFS
MIAMI HEAT	PACKERS	PATRIOTS
REAL MADRID	RED SOX	RED WINGS
STEELERS	WARRIORS	YANKEES

```
T Q N C O R N E R K I C K S N T W I M O H I
I G L J V D T G Q A I K S I E Z E N D W U T
C P O M B Y T A F A S T B A L L Y J K Z R H
R T E N I Q Y S E T A M K C E H C O K A M R
I U D S A X P A I Q K V Y L O C C P T S O E
Z O K V Z J H G Y S K X K F L J E V H R D E
M E Q N M S D E Y Q S C F R K N H I N W P P
V K I R U A I R Y M A A B Q A F Z X T V B O
Y I V L K D L D I T Y L J L M K G Y Q E M I
M R U O R T M S H B Z Q T M H L A G N D L N
Q T H I B L L A D H B Y T E G W U W A I M T
P S B P Q E T G L N A L F S A G O A A S W E
X Q Z A J B U H U S A P E K A D F M Z F R R
F B U I T R K J Q H M R A G H C X K O F J Z
K I U N U R E M O H N E G C Q X E H L O W Z
N C G V J O W B L M R F U Y E A G Q D U U W
A E I T S Y R N M B T O I M O L H L L B V G
N N H K D N X U A E T D O U B L E P L A Y J
R S J A E S E Y O M M A G E J I M Q G A Q A
L X K A S E H A T T R I C K V X K V O W A C
C K O U W Z R L V B P P E N D Z O N E O F K
T Q R R V A G F G M G W O B Z B P R J T L Z
```

ACE	ASSIST	BIRDIE
BREAKAWAY	CHECKMATE	CORNER KICK
DOUBLE PLAY	DRIBBLE	END ZONE
FASTBALL	FREE KICK	GRAND SLAM
HAT TRICK	HOME RUN	OFFSIDE
PENALTY	SLAM DUNK	STRIKEOUT
TACKLE	THREE-POINTER	TOUCHDOWN

#54 - Types of Sports

```
F K U N Q S Q A D S L L V B A S E B A L L R
Z L I Q I W Q C E U R U X O B G V S Z V G C
Z M L F D A Z I V R J Q D F L X I F C S C W
H S M A M X J O Q F O Y H V G L Z D Y O P B
U N W E B Y K U Z I L Q U W L N E R V G Y F
Z G X R B E B B T N P S U T G W I Y C Y J T
S F W G E B L N O G S K V U M F S L B E C H
C L U C X S O K D T Y I W M Y H F B W A D G
I R W A T C T X C X X I A Z A D O H F O L X
T H I O L C F L I I M N G Z V K H S D G B L
S H G L S E Y S I N P G K V X T F P I A A P
A D U M P I W C I N G C R I C K E T R C D J
N W I X H I N A L P G B J E C F G C Q W M G
M A O K M V O N E I O Y N H Q E H D W X I T
Y Z T M G Q G E E O N I O E R E H G W G N B
G N I I H L N J C T Q G X Q R R D O I R T O
S N Q Y P A S I N N E T K Y B W E R C Z O T
G D L T F U A V L R F L K Z J P A C L K N P
K B Q R P C C A G Y L C B O Y D M R C A E F
N N I M Y H U L X G O S B A Y V Y F Q O R Y
K K H Z Q G Z W D M G U O Z T U D T M H S P
F O Y O S P O X U K B A S K E T B A L L X W
```

ARCHERY	BADMINTON	BASEBALL
BASKETBALL	BOWLING	BOXING
CRICKET	CYCLING	GOLF
GYMNASTICS	ICE HOCKEY	PICKLEBALL
RUGBY	SKIING	SOCCER
SURFING	SWIMMING	TABLE TENNIS
TENNIS	VOLLEYBALL	WRESTLING

#55 - Renowned Artists

```
J S T S N R I C J G W V F V A Y R R B N Z D
E D V T Z W O S F J X Y R A F S D E T V G R
X Y H O O Q F Z Y B L L J V Z M X T Y I I R
D B K K R S G T H C N U M O S B A L T Z P O
G T M I L K S K T H C I G Q F I O T Y U I S
X M B V C B O A E A C C R I V E R A I G H I
N V T O E I R S C H S X R W L H N M G S O S
G H S O Q R Q E E I Z S L K W X R A N J S F
V X U N K M M L S U P Q A D N Z V C I U F E
X J N Q G E A E K T H E E C O A C D D X E D
M I K Z R N E L E X R G E E R S D W O T Q Z
R O Y Y G F J F H R A I N A Y L G K R D G L
P Y C E E D A K F S B S C O Z H K R C N T S
O A L H J M M L S E E N N A Z E C S O A V X
V O H X Z S O L H A K A D I R F P I N R D Y
K A B E W D A V I N C I L B K H Q L J B W F
T D N I J W S F Q B F O T T Y D X A E M H N
Z W C G M K I A W S H V L E Q K Z D O E J P
B G M G O J U O X R W D H G N T N P J R L Q
V S Y I S G Q K A A H P R V C O S T W E P W
U B U Z M P H W Q G V I B B H E M X S J B E
P C Z M K V P U I K Y O V K C O L L O P P F
```

CARAVAGGIO	CASSATT	CEZANNE
DA VINCI	DALI	DEGAS
FRIDA KAHLO	KLIMT	MATISSE
MICHELANGELO	MONET	MUNCH
O'KEEFFE	PICASSO	POLLOCK
REMBRANDT	RIVERA	RODIN
VAN GOGH	VERMEER	WARHOL

```
E M G L W K G U R X Y E I A T H R E Z M F V
D N M Q Q B L C U N A M C U L C U B I S M Z
N R J Q H Y L A S W S R S M P C A I Y I C N
R E Y X O T A B N X U J L I V H N P I A O G
D N L I D O X P H R A D Y G L I G Q D D N F
H A K H U G O Y M P H Q D Y O A Y S J A C H
T I Q Y K P D E N Z U U B E V I E D E D E M
R S D Y A Z X Y M V A N L A P X L R F R P H
O S P R X K T C O K B N W X R E A E T I T R
M A T M Z R T P D I X W F E I O S Q K E U Z
A N G W A O A U E F C U H F C Y Q D A D A W
N C M P L X X I R I T S R O M B Y U L H L O
T E O D L B L X N U U O C B X I P F E E P U
I Q C J R L X F R R L O O J D H K X S Q A O
C A U X H S M I R O R L A J P A G X V E V G
I V C F T S S E C X I W N T H P T Y V G X U
S U C E I M A Z C S S B J I B V O U F P I B
M C X V Z L T E M U A R T D E C O V B P W L
I B U K I C O Q M S I L A M I N I M K Q R G
E A K S W G V R E C T Z E R T I T W H T D X
F C M I D L K R K F F M Z R U P K I N D A J
A P K V Q E J D Y T X B A X F C P Q L Z X D
```

ART DECO	ART NOUVEAU	BAROQUE
BAUHAUS	COLOR FIELD	CONCEPTUAL
CUBISM	DADA	DADAISM
FAUVISM	FUTURISM	MINIMALISM
MODERN	OP ART	POP ART
REALISM	RENAISSANCE	ROCOCO
ROMANTICISM	SURREALISM	SYMBOLISM

```
Z X I Y T A A R I W N M R X Y M X I U R R W
E H U N T K F K N O S L I W J C T I A S U U
W J O N H I W Z F O X Y L K F O A I K M Z C
M Q A M O G P D K Y P B F P P R D Y K D G G
V O Q D O T Z K D R F D R F Z E Q C R A F P
M U A X A W N E J B I D E N K L A A B N D M
O I D T I M N I Z U D T H Y E R T H O N W A
D T I U L N S V L T K S R V T G V S V N P I
P B Y Y E E D J V C U K Z E Z W I V I S R J
X X Q K U Z V Z U B N O R H M D X X V I N L
Z W S F A E S E N O E V Z K A K O Y G Y K V
G Z W K C I N X S O Z I G M B N S N A I Y C
H T N A R G C R J O S K C N S B O Q E Q W S
S L R Z P H E P S D O N A O L G B S I U D T
N P I B V F D D R U Q R H S H O R K K U K N
A Z R L F T G P W J M E K O A B C I P C A J
G N J E G M R J M K I D M J J T A N L E A G
A F J H C H E T H U W P Y W H Q R N I Y O J
E A M A B O W M C J R C K O A R J U Y L R B
R H C D V Q I R L M H T H B O S B X M Q P O
M T Y D E I S E N H O W E R U E J T H A Q R
E W R X E P Q Y O K A W A S H I N G T O N J
```

ADAMS	BIDEN	BUSH
CARTER	CLINTON	EISENHOWER
GRANT	JACKSON	JEFFERSON
JOHNSON	KENNEDY	LINCOLN
MADISON	NIXON	OBAMA
REAGAN	ROOSEVELT	TRUMAN
TRUMP	WASHINGTON	WILSON

#58 - Political Terms

```
E Q N X L Q N Q K Z R U B H J K X K N B J M
R M O Q C X O I T V N G I A P M A C G W Y Y
G C Y C A B I N E T G W A Q A K N B C N R K
P I F Y I N C U M B E N T J B P X L D N H B
W T Y X E M U R O U Q L C U U G W Y P H L T
F M C Y F D O G N L F I L I B U S T E R R N
E C I H C A B W O Q O M H G Y G C P F E N E
D F L V J P C O H C P M F R I N B K D K D M
E S B T V Y C A R C O M E D D G J I X S N D
R S U N Y Q H J U O F O Z S W N R J U P L N
A E P E D H L N Q B T I L P S L H B K Y D E
L R E M F W H E O K W E S Z L G N B M M W M
I G R H Z U T L G I P M V C P K L I A L G A
S N Q C I A E L V I T D N D A G S Y O D V D
M O Q A N W Q I H C K U D S N L S K E E B F
I C B E L V H B Z W I S L I Q C Y S D L S I
P C S P K I W Y N C H N Y O A Y M E E S I J
E P E M C H Q S F W W B X U S R M Z A C M L
B D K I I F O S M Y B K C P V E O V F R E H
L P J P Z U K B N O Q U E K J N R O P E H R
Y U T L Y R G S L A S E X T Z Z J F U N N C
C H T R I J Y I W J X B A G S R I F A G Z D
```

AMENDMENT	BILL	CABINET
CAMPAIGN	CAUCUS	CONGRESS
DEMOCRACY	FEDERALISM	FILIBUSTER
FISCAL YEAR	IMPEACHMENT	INCUMBENT
LOBBYING	QUORUM	RECESS
REPUBLIC	RESOLUTION	RIDER
SENATE	VETO	WHIP

```
H B L X N M U V D W O O L S W E A T E R Y D
K Y S O Q S F R O T S F J I Z Y W N O A D J
Z Y D T K Z N T B T K F U I O X L Y I N F A
E G P Q H P Z O E L J R S P T Q S L P M S P
U S T H Y G F R W C Q O Y G S A A E V W N K
J N R I N U I P L F I S Z G N J Y L K O O F
W I J F P W J L Y Q L T T J N V U Q O Y W P
Z G S K N K V T E A D A Z N G I X F S A M X
T I C I C L E S L X I E K N B W I Y W K A H
G Q D Z J Q M S Y A C T I E X F B K U F N W
X R L D V E R H Z I P T B E R X U J S K E E
S A M Z B G B G T I A L M I C T S I D W C P
W E I U A Z Z S N K A A S R O S F Z N F A C
F B T C X U L E S N O O S N O R T C V R L M
K R T Y W O T E K C J L N N O T B X Z O P W
Y A E C S R C E O Q E H E Z O W S Y L M E J
V L N W E I T C X D H N E Z S W F W J Z R W
D O S E F S T N D O G N E R O D B A O O I R
P P S H V O W I L W L X F H E B Z A L N F J
H Y I Y H A N N K A G D M G I O V J L L S R
D N H F A G X S K I B I Y D C M G K P L T V
Q B C H I M N E Y S M O K E N F E S G H S I
```

BLANKETS	CHIMNEY SMOKE	FIREPLACE
FROST	FROZEN LAKE	HOT COCOA
ICE SKATING	ICICLES	LIGHTS
MITTENS	PINE TREES	POLAR BEAR
SKIING	SLEDDING	SNOWBALLS
SNOWFALL	SNOWFLAKE	SNOWMAN
SNOWSTORM	SOLSTICE	WOOL SWEATER

```
M K Y G M O D E J T J D Q O E S U H R X C V
E B G I X P A M O B P C G U M K E E S G C U
Y U D Y Z R L I B Y W N U O N R Q I G D X H
T S X U T X C A W U I L S P G K G F G A Q A
Z E G H Z I B X N Z T S I G R P U V E F Y J
N T D E N X H Y Z T O T T Q G R J B R F V C
P A Q C T C K U G L I F E F T Z V N E O M F
Y A I E R R B P B N U N A R C T M T T D A M
H P B V M S O Y L I I G G V F U I A S I T X
S B T T E S R E O X G M T S D L Z D A L H G
X A H E B R F N N K H N O U E O I B E S G A
B B B P E E L I G F I G I O L E T E Z W S R
C Y F H W W J H E T L B G N L I D R S K T D
C A C R U O D S R Z H R Q R A B P S A U O E
T N X P E H Q N D E E L A J E E Y S V B O N
H I I M X S A U A M Z E G G R E L M L T B Z
N M S N B N H S Y D X Q R X Q L N C B P N O
W A E T Z I K A S D G J P B J Y M G H C I D
V L O T T A P T I N B W S Y D W V K R B A R
N S D V D R N S X R A C O W Y L M P A A R O
E G S D R I B G N I T S E N H C I V G N S T
N N N X M A G U N M I Z H D W B P M N O E S
```

BABY ANIMALS	BEES BUZZING	BLOOMING
BUTTERFLIES	CHERRY BLOSSOMS	EARTH DAY
CLEANING	DAFFODILS	GARDEN
EASTER EGGS	FRESH AIR	MILD BREEZE
GREEN GRASS	LONGER DAYS	PLANTING SEEDS
NESTING BIRDS	PICNIC	SUNSHINE
RAIN BOOTS	RAIN SHOWERS	TULIPS

```
M N E E R C S N U S B U A V X I M L Z M Y X
O R Q V Z E H E C W U N Z M J T Q P W B F G
L L G M T D E C S U R F I N G I E J W Y U U
S O H A I N B W A W I S Q B U P H S H Z Y Z
S P M E M R Z Z T E D L E M O N A D E V Q M
A I W R Z N R K E S B C W V A L J V V M N B
W C H C Z W K A J Q F A Q I A H M S N S P L
Z N K E W G B D Q N D M A P D U D M L D S U
B I U C G R Z I Z O F P I G R A A L O F M I
O C C I B K N B E I D I A X M G E E N R X H
G Q T A Y U L H D T E N D C N H N O F E W F
N E U C E B R A B A D G E I S I L S P H L L
H S T W Z C E I R C N H M A H E A F O T N M
O E D I C A T B Y A X M E S M N I W O A O O
B S Z K B M W T H V I S N R D R Q S L E B H
O S W T U Q V B D W M U E C E M J K S W E A
V A E A P U H K S O S T A W W U B F S T A M
C L P I R T D A O R A S O W E N F S D O X M
R G Z G F N X U J W T R M B L M G F E H K O
F N C I Z K Y W Y L K U H R E T W X Y R O C
P U S W L D I K E S K B F G W S O I J O S K
W S P O L F P I L F Z B G G E C S O S X T G
```

BARBECUE	BEACH	CAMPING
FIREWORKS	FLIP FLOPS	HAMMOCK
HOT WEATHER	ICE CREAM	LEMONADE
PICNIC	POOL	ROAD TRIP
SANDCASTLE	SEASHELLS	SUNGLASSES
SUNSCREEN	SUNSHINE	SURFING
SWIMMING	VACATION	WATERMELON

```
V F A B G N I K C I P E L P P A O D T S A K
O R P T U W I N D Y D A Y S P X V C W C U Z
G E A E B H A L L O W E E N J R F H M B G Z
N H Z K E F E A X N S B D G T X A P D T A U
I T B N C G Y A T S S R O M K Y Z E P L A A
V A X A H P A E R I F N O B R N O K K J D B
I E S L G O C I W P K F A I S M P W C E G W
G W T B U L C A L W O O D H G P X O M W E H
S R A Y O S D E R O V E X N K G X I L H A N
K E R Z Y G S I T A F H R T E M Y B A R P B
N T P O V H A B S G M Q I O E D U C V Z U Q
A A J C F P A A Q R A E M X D V L E W A M A
H E P T S L T J P L U W L Q N Y S O R J P F
T W W I L J L N R I W T E A N T J U G U K J
W S R V F S N S P P N X N J P O E B N T I X
E C L C O R N M A Z E E Y R P P A D K R N X
W J X I C Z L M N D P J C B S L L B N A S W
U H R S C A R E C R O W G O Y O N E O B P G
N A K O Y E Y Z Q I S J L W N U I J S P I M
N U W C L H O T C I D E R F W E J M N W C C
U Z H N F O Z N O M A N N I C M S G S I E T
I Y S D N F Z S E V A E L G N I L L A F Q J
```

APPLE PICKING	BONFIRE	CARAMEL APPLES
CINNAMON	CORN MAZE	COZY BLANKET
CRISP AIR	FALLING LEAVES	FOLIAGE
FOOTBALL	GOLDEN	HALLOWEEN
HARVEST	HAYRIDE	HOT CIDER
PINECONES	PUMPKIN SPICE	SCARECROW
WINDY DAYS	SWEATER WEATHER	THANKSGIVING

```
R H Z F R A N K E N S T E I N B M V W C P B
Q U J U K V W N S N Q N W T W C B H M B I J
N E N W J A P O A L T R I C K O R T R E A T
R M V A U G W I R W N R T B L A C K C A T C
C U H T B V L T P C D L C W D M P Z Q P I B
W T A N J B F O F G E E H J H E F T I P Z I
P S U E K A N P Q S U R W N J R S R D L V C
W O N N Q Y U O C I Y K A P K O I H P A O Q
C C T O M L Z S O X Y J B C H E F R M L H K
A S E T I M S S N M P A W G S V A P B H C R
N M D S E P X S K A L A E M N N I J J Q K W
D M H B E L E J J K N L X R L R Y M Z Y B H
Y U O M I W Q X G O O X U J E E W C C S X T
C I U O W M K L Q Q T V U F G T U O A K I T
O H S T D D S P I D E R W E B N B B U T F A
R S E T L W K R I S L S I J A A K W L N A X
N N Z O M B I E X Y E W N J H L K E D G F A
Q S I E O B L Q Z Q K H T Q A O X B R N I Z
L P J U O M A U R G S C Z E Q K O F O N B Q
P H G U A V B A T S D L K H C C A J N N X L
Z Y J G J M A M Y M M U M N Z A J A Q I K W
Z Q J J E W S X Y S J K B L J J J Q Z S W Y
```

BATS	BLACK CAT	CANDY CORN
CAULDRON	COBWEB	COSTUME
FRANKENSTEIN	FULL MOON	GHOST
HAUNTED HOUSE	JACK-O'-LANTERN	MUMMY
POTION	SCARECROW	SKELETON
SPIDERWEB	TOMBSTONE	TRICK-OR-TREAT
VAMPIRE	WITCH	ZOMBIE

#64 - Fourth of July

```
I C M O D E E R F H B L A T P Q P A K Q E P
E C S Z J S E I T I V I T S E F N F Z L Q C
B E A P B M X G N N U L N O K U P Q E T I E
M Y U I A P S S S B A R B E C U E L C T E L
W K M L S R I D J N M D P X W C G H Z K K E
S E R S B U K O L X E Z Z Q M A D J Q D Y B
S B Z O V Q U L V R Y R Y O E A Y J S F G R
N A C E O F O J E T T C H D Q U E Z S E N A
B B E Z Q A N P R R Y F L W N R Y B D U L T
K T P Q V K I E O S S A W C J Q V A J E J I
Q Z K Y Y C B V S V B J L I G D R G W M R O
O O K K N I S L C J H E N T R A M M O S B N
E D X I L V X B M T S F S A P S Y S M I C U
R Z C F S U Z T R A O G I U C G R F Y T Z I
Y F V K J C R U M L O P T R A I I H T O X S
D Z X Y S H O Y H D W U T L E S R Y X I X R
I U B I Y F V U T H Z P F V M W V E E R C A
N I A U Y Z D O I Q I S M L C P O L M T K T
V K V L K I H T W D D F A L A P M R P A D S
X T U Z S K E F Z O J Q D U V L I B K P T A
N J P B O I N D E P E N D E N C E H U S P X
C T D D C L E J M I G A U K M B K K X L A M
```

AMERICAN / BALD EAGLE / BARBECUE
BLUE / CELEBRATION / FESTIVITIES
FIREWORKS / FLAG / FREEDOM
HOT DOGS / INDEPENDENCE / JULY FOURTH
LIBERTY / PARADE / PATRIOTISM
PICNIC / RED / SPARKLERS
STARS / UNCLE SAM / WHITE

#65 - Christmas Day

```
T E U I Y K A U E J S A N T A C L A U S Z S
C N K X J B T F G C I X N I L P C E Q N H X
Y A L A U R H J H X A N B O E W S W Y G L F
K G N M L S R Q K U V L G A R N T P J B S R
I R I D G F S I Y L Y W P L W T I N S E L P
M Q Q F Y O W F I S C V S E E A H I G E N X
O B L E T C N O H L R D N H R B B P B A R D
T D A Z H W A G N M V K O J M I E K O F B F
H P J X F K R N G S F L W J F B F L J L P M
A Z U G S C L A E E I B M R O R H E L Z E O
C A H P W A D C P D Y X A F A E S G V S R H
K E Q N W R U H A P U H N G O Z I W A N R O
G R O B J O J Y G Y I D B T K N O P A S E F
B N I J V L S I A I X N E A G L Z M M D I Z
P U I Z H I O B M L E L G E J B E W Z T N D
L C M K X N R G G U T L R R F N L T P M D O
L U N J C G W P B S M B S F T R V W B A E E
V K K D Y O D L I G R Z R S J X M A I R E L
Z M M G D I T M N E S Z X G I Y A X Y N R E
J E X Z X G T S A C H R I S T M A S E V E R
K D S G G K R D N A T I V I T Y L F P H R H
M X M V Y T V E E E R T S A M T S I R H C E
```

CANDY CANE
CHRISTMAS TREE
GIFT WRAPPING
JINGLE BELLS
NORTH POLE
SANTA CLAUS
SNOWMAN

CAROLING
EGGNOG
GINGERBREAD
MISTLETOE
ORNAMENTS
SLEIGH
STOCKING

CHRISTMAS EVE
FIREPLACE
HOLIDAYS
NATIVITY
REINDEER
SNOWFLAKE
TINSEL

#66 - Thanksgiving

```
P I K U D H Z F Y L I M A F A U Z E A J N S
X Y W E A R L T C K F B C B G S K S C K N T
C U Y E Q H S H S E M A G L L A B T O O F Q
N F O P W E H D I N N E R B B H X N R G M Q
A F R X V U V G I O B S I O Y T Z K N N D I
D X C R A Y X J L O U C O O K I N G B I C Z
O F A B L P E P I L G R I M S E K P R T R K
Q H Z R R C T K R S Q L X E E B S M E T O F
C K V C T V L U R U H T P B A M I E A E J Y
O M S B Q F M P H U Z F I M D P G E D S Q N
R H K E I M S J I M T E N S G N I S S E L B
N S N S W E E T P O T A T O E S M G E L G M
U H A Y R I D E S Y Q S W N S A A I L B N G
C Q H O D T W K A P C T I S O T P A W A I R
O M T A D Y A O W T G E G X H N B M G T F A
P N G J T W K J V K D W A E I U Q Y K J F T
I D N W E B D H X A V S R K N P X J J K U I
A G I H H S U P R I J I P D A D Y D N N T T
Y N V K O R D A Y J N M A D O L H J R P S U
G S I O A K P K L G U N J F M X S X E D G D
F X G Z X I P H H P C N S M C Q N P L B F E
I W E B N Y R Q A E I W X B S T Q I Y P X G
```

ABUNDANCE	BLESSINGS	COOKING
CORNBREAD	CORNUCOPIA	DINNER
FAMILY	FEAST	FOOTBALL GAME
GATHERING	GIVING THANKS	GRATITUDE
HARVEST	HAYRIDES	PARADE
PILGRIMS	PUMPKIN PIE	STUFFING
SWEET POTATOES	TABLE SETTING	TURKEY

```
C M O P T K M L H J X G M K R L E P I Y X P
S T S E M X R O C H U R C H S E R V I C E J
U S S K V T N U H G G E S A K O U Y W O V J
G P L L X R E S U R R E C T I O N E Z N T M
O S S D D P Z U M Q Y L I L R E T S A E D
O V P G Y S E A S T E R S U N D A Y L T W A
D Q E R G T Z E A S T E R B U N N Y Q Z O P
F A H A I E B K B M A L T M V W E A P U V A
R J I A S N E B W I Z N K E M S G H N U H L
I Z O X S T G T C H E B A Q C F Y N W X O M
D R C S J H E T A L T S X L P S S O R C L S
A N E N N W W R I L Y E Z G U C E C G M Y U
Y S B A A I E E P M O T N U U D L Z F J W N
T V Q N K H A D D A E C M N Q Z L O E N E D
T T C F I N X B H N R X O F O E Z V E K E A
J L A V T O D J I O E A V H P B K W Q P K Y
S E L J K T U L I P S S D J C O L O B B F Q
T S N A E B Y L L E J E D E Z I L F V D W V
C W I R J D X I C X S J A A F G W O E U S G
O C K O I I Z S M G X P C E Y H C N R J Y H
J S R R T E K S A B R E T S A E B E L C W R
R U Z T C Q K E O Y X V Z U A V L E M M Q X
```

ASH WEDNESDAY	EASTER BASKET	BONNET
CHOCOLATE EGGS	EASTER PARADE	CHURCH SERVICE
CROSS	GOOD FRIDAY	EASTER BUNNY
EASTER LILY	LAMB	EASTER SUNDAY
EGG HUNT	PALM SUNDAY	HOLY WEEK
JELLY BEANS	TULIPS	LENT
NEW LIFE	SPRINGTIME	RESURRECTION

```
H D Z L E V P D X C I Q L I X A V B W Y G W
Y W S P F E B R U A R Y H G V X L R T E S F
H N S W C W C A N D L E L I G H T J S U R M
C K W N E I U E Z P C Q Z R Z J H F G B E A
Y H J I A E T Z P Y U O U D B V D W U C T H
C A B U J F T S C A R D S T Q B M N H S T L
P R O J I I Z H C P S O E B L O F O D N E G
K P C G I R B N E H G S M G M S M B E B L I
V E K D U Q Q C L A O R I N J R I E S I E F
C U X H N R N P G C R C W O U L T G W A V O
T W K K B A S J L J M T O K N R W O X B O R
E I V S M V K P R B L U A L U D R D U A L E
U L Z O O S M O J P W P F O A R D Y U I M T
Q S R D F B S M R B C S F V A T I G E Q Y Q
U M S C Y E C F A H K R E E N L E N Q H J E
O C N U S B Y R E E R Y C H C D V S O F R S
B W D I P U C Y B A G O T Q O O N W L S S G
V X E D B I S D Y R H R I F K B C Z P G X G
J M S E V C O N D T T O O R Y Z W K T U U K
T T J B G F W Z D S R J N H D H I R Z M L X
C H S I R E H C E E E S J F O S L E O I I X
P H J C J V U F T J Y B O H S U K F R L D I
```

AFFECTION	ARROW	BOUQUET
CANDLELIGHT	CARDS	CHERISH
CHOCOLATES	CUPID	FEBRUARY
FOURTEENTH	GIFT	HEART
HUGS	KISS	LOVE
LOVE LETTERS	PASSION	ROMANCE
ROSES	SWEETHEART	TEDDY BEAR

```
V N O I T A R B E L E C N T B A O F K D N B
B S N O I T A R O C E D K K S N R Q J B F G
N Q D P T F W A E Z R M Q I E L C Q J I B U
I A U T R Q Z R F C E X T E E Y K H E O M A
E O F E F N O H E X P M Y D Y Z K S W N E C
O P H I Y L W G I U A R A U V A T O P G P A
Z O U J K I N C E R G R J X X A W M A L N M
C L M L G K A B G V A S T G G E I T Y D R O
N Y O M T N L A V P G H L N Q E I Y S W E L
S F O S F A R P M K T H I C C R A D N N M E
X E Y L X I N S I F C C C N E L C N A A I U
M S A Z T V S O I N N W E H A I F C R L C T
O G S A D U Z F Q A A D R N U Z H I W E S N
M S S O P B Y H D W N T O B P O A L I O E H
I O Y W R A Y A E E X I A B S C U I C R U Z
A Q N R M R S A P D T Y N F H F K A T P L Y
Y N C I X L U E Z I V O Q I R U T A O O B Y
G Z N F A U D H D R P Z C O Y H G W B F Q H
T J H S S N P A C X W J L D J J P D N T D H
R D I J I Q R J X I L O L L Z M L E S F E X
I R W X K T R B M W C Q V E V E J T B I S I
P J T M M O R E R B M O S J I Y W X Q M S X
```

CELEBRATION CHURROS COLORFUL
DECORATIONS FIESTA FOLKLORE
GUACAMOLE HERITAGE INDEPENDENCE
MARGARITAS MARIACHI MAY FIFTH
MEXICAN FLAG NACHOS PARADE
PINATA PUEBLA SALSA DANCING
SOMBRERO TACOS TRADITIONAL

```
Q U B E H S E E F Y X A F M K A H P D E K Q
A Q E S Z O J P Q L T P M K Q B L H L C I M
I Q N L W D N A L E R I M A R C H J U B R T
D Q O E Y S U Y L Y A C Y O E T T L E L I A
R F T P T R W K K A I B Z L F F D L U N S Q
B A S R H R W I Q L N K T R J O C R P E H D
G G Y E H Y K E E O O I G S O O H W M L B K
H S E C B T Z A I I C U R G R G C N W S L U
T H N H E L G T R M K I C N T Y E L I I E Z
N I R A G O I O U K R F E F W E K Q Q D S D
E Q A U A D J S H I M D P U R W C S E L S I
E B L N A L I Z S I B K Q G E B I T F A I V
T P B R U C S H R E V O L C Z H R E D R N N
N D T C Q I D K E H C M H L D A T Z W E G M
E F K C X A D F B E K F K D X K A K O M M U
V Y U H N W Z M Y W S C P C Q E P X B E C W
E R S C T X M T X C U U A K O U T Q N Y H T
S Z E W J Q E L U K M M H Q N R S C I M U B
E E M T V Z J C S B D L I M A I M D A I O Y
C X K L K I L U N H E Y C L K D S A R V N R
X I G D L O G F O T O P V J P C N R H I E N
R X D S V L C I R I S H W H I S K E Y S F O
```

BLARNEY STONE	CELTIC MUSIC	CLOVER
CORNED BEEF	EMERALD ISLE	GAELIC
GOOD LUCK	GREEN	IRELAND
IRISH BLESSING	IRISH DANCE	IRISH WHISKEY
LEPRECHAUN	LUCKY	MARCH
POT OF GOLD	RAINBOW	SEVENTEENTH
SHAMROCK	ST. PATRICK	TRADITION

```
C U F L A G H S P X S E C R O F D E M R A M
V R M H S P M P L R H M L J Y Q T M A L T D
G Y K X O D D V A K A I W L K V F H W U B C
B Q V G L A L E U X V L I J N S I V S F E U
J H B U D I Y D N L C I Y T E K G I J M Q I
D R B P I P G A N J T T U E L W W R E O D L
U W Y C E N O R A N R A S C L V T T X H I L
N N S G R I A A W H Y R E N A B E I K O G A
W P M P S D S P Y G V Y C A F R A L S N P I
J P Y O F A N T H E M K I R Y C A B Z O J R
B Z H P Q F W C I U K O F B Y Y P A S R B O
V Z T P E C I V R E S M I M K A W G U N Q M
H Z A Y P S U P N R W W R E M Z H Y P N M E
C T E F T A T P F R D T C M C D U J T V A M
J M R L M K T E D E E R A E G N I N R U O M
I K W O E O U R W C T N S R F S V J R H J F
J M F W V H D D I I C U A E A S B Q I Q Q B
P J E E L F W E D O Y E B V E T E R A N S Y
C J U R U X T P E B T A V I X V Q O J V P I
R N Z D F P F J O R A I F V R G S V C N H Z
B B U Q T X L S O V F C S D I T K G S C D V
X Y L G Y B L X M N C G A M W U T Q N R R X
```

ANNUAL
CEMETERY
FREEDOM
MILITARY
PATRIOTISM
SACRIFICE
TRIBUTE

ANTHEM
FALLEN
HONOR
MOURNING
POPPY FLOWER
SERVICE
VETERANS

ARMED FORCES
FLAG
MEMORIAL
PARADE
REMEMBRANCE
SOLDIERS
WREATH

#72 - Words of Wisdom

```
S D Y Q H P Q W B H C E Y G U Z V R U G N A
I F J X T E Y T I L I M U H Z Y R W X K R G
O O G E N E R O S I T Y E E T G Y Q Y C E U
C R C M J L Z Z Q Q G G V I A G U B K Y S G
K G T F Q R H C H G A F R L B D S N Y J P S
J I B N J M D W M R Z G G D O S Y X J N E N
M V K I C G I D U I E R Q R E Y L Q E P C S
C E Z K O Y Z O E T X F F N A B A C A W T L
O N U R U V C H N C A Q D X M T N L Q O N C
M E V J R Q X I O I E N M O B E I K T U S Y
P S C M T P I E R D I O D J I T X T O Y E V
A S F M E Y R N V K P S I T L Q P L U M W I
S H U O O B E E K T I F A E R L W Y Y D F H
S Z O J U S G I I W K P S P S R T E B S E K
I P I N S R U M T G V A B F Z S H R F J E H
O M I V E S I Y C O N F I D E N C E U Y Y K
N A R U G S O A H K G M N L D M E R Y S O X
R N E R M U T A F R I C F M Q Y N O M U T G
A P I C Q P A Y C M R L E P I H R F K L S Z
Q P G C Y H T A P M E N V Y B F O J E F A C
M Q U X F A I T H S S A U H Q W F C C S X X
S A H L O J L J S B L C M E L Z W J C H X S
```

COMPASSION	CONFIDENCE	COURAGE
COURTEOUS	EMPATHY	FAIRNESS
FAITH	FORGIVENESS	GENEROSITY
GRATITUDE	HONESTY	HUMILITY
INTEGRITY	KINDNESS	LOYALTY
OPTIMISM	PATIENCE	RESPECT
SELFLESS	TRUST	WISDOM

```
I F T E U X A H Q A R P Q D T N K L R Y R S
C C E V E I L E B I J L F J Q M Z L I X W B
Q C E F Z H D C Y T O F A Z Y T I N E R E S
H T O T F J K D N Y V O M A G C S Y N P R P
W X C R T B D P Q N F K L R V S O F B Z H V
R S S E N I P P A H K M A O E J D F X T K A
Y Z R H T W O R G N O T C N V O C V I A O A
T Y P Z T N E M L L I F L U F E M A Q O Y C
I D R V D J V U K T W L A F F T F Z B U E O
V E G G Y G T I U O E A D C L A R I T Y O N
I K Y D K A X D H W N X S Q R O I S P G N F
T R M A E O E I X P U C G D F P T A X X H I
I U Q D I P F Z D H T G N E R T S G T D B D
S O O S L E O C D S F R Q P A E C A E P X E
O V N B J S L H C Y G I H Y G D Q J Q O X N
P S U C C E S S R B P B N I H F V M H I O C
E N G L E G A R U O C O H U O F A V B P Z E
U T N E M R E W O P M E H Y O U K Q I T O R
U U C S Z L U Y C R O R S R H G B S E F Y L
O C I G C L O S A Z E C N A D N U B A Z U T
N H O H O Z L H B S F E L N Q J B S H N X D
G E X L X X J U Y N U U Q B R V J U L S H F
```

ABUNDANCE	BELIEVE	CLARITY
CONFIDENCE	COURAGE	EMPOWERMENT
FAITH	FULFILLMENT	GRATITUDE
GROWTH	HAPPINESS	HARMONY
HOPE	JOY	LOVE
PEACE	POSITIVITY	SERENITY
STRENGTH	SUCCESS	WELLNESS

#74 - Good Personality Traits

```
E C I I N T E G R I T Y G R A T I T U D E K
C E F A Y T I S O R E N E G C X O O H L S F
N J D E A N F H S N O I S S A P M O C D Q I
A Z E A L S R E S I L I E N C E S A Z E Q V
R M C O U L L U F T C E P S E R L S T G B
E T N V K A R Y G C B O P E N M I N D E D M
V P E W Z W Z G F Q I I D X S R T P P R H W
E F I W N R D Y T S E N O H E C V P F M S S
S R T W Z I G C Y P H H B G S K G P S I W V
R C A E L A G T C F N U U B T U K V E N F S
E H P J Z H L J O A E T M D D T X P L E A S
P A R R V A O D J Q R Y Y I Q C N E B D I E
N U V B Y F W U I U G L S E L M H N A M R N
E U S O I L O L F S W C U F S I M V D M N D
H V L Y H T A P M E A W O I B P T I N O E N
M S C R E A T I V I T Y M U P X Y Y E Q S I
T R U S T W O R T H Y I Y I R G H D P N S K
Y R Q Q V V W N H N T O C B S A V K E C D W
S W P I X S S C Z P B F I F W M G M D J L U
U S V D Y O S P O X R Y X C R Y T E M F D E
M T Y N S X C D Z X J M I F R Y A I M P L R
N H Z M A I K U U M X E E E O U M I N S Y S
```

COMPASSION   COURAGE   CREATIVITY
DEPENDABLE   DETERMINED   EMPATHY
FAIRNESS   GENEROSITY   GRATITUDE
HONESTY   HUMILITY   INTEGRITY
KINDNESS   LOYALTY   OPEN-MINDED
OPTIMISM   PATIENCE   PERSEVERANCE
RESILIENCE   RESPECTFUL   TRUSTWORTHY

#75 - Types of Birds

```
K S L H M M S N B E D G F Q Z X I B T C A K
B M F G K U O B L H F Q W F C P F S U I G J
W M L N V M P G S Q X C I W A B D W C D I P
O W A G R R A K M I U Z T R S X U Y O Z C E
H B M E A E D K J V V V R L X P C L P R L L
S D I F J S A U H W F O T P S R K C O Q C I
X I N O E G I P G M T B K L H K U S W B I C
G V G V L A E V L L O W H E N T P V L I I A
I N O E L D H L W O V A E B B A E Z M G J N
V S B T U P W U D E D I I H R L X B A R W Z
H W W C G S C X M O V G C R D C U N E P O T
P A C S A U I C W M O O O G Z T Z E D R I T
Y N A K E H M K Q O I W D R X Z Y W J U Q C
Y E R O S K Y C S D K N Q M H K O R R A L V
J E D P M M K E N W O Y G C D O Q F M K Y U
C H I I H E V S L E E T N B D L O K Z O K G
D G N B M M U B A I O I C P I G L Q I N M L
G E A N I B O R O G F Y E I Z R T H Y K Q F
S Q L J X L E G B S P C F X X X D A Z P U M
Q N I U G N E P R E K U O Y T J F W X M F I
I C S N U L I R I E C K A A Y N G K E Y X P
N K J D A I I F R Z F R B S W N V F F T L U
```

BLUEJAY	CARDINAL	CROW
DOVE	DUCK	EAGLE
FINCH	FLAMINGO	GOOSE
HAWK	HUMMINGBIRD	OWL
PARROT	PELICAN	PENGUIN
PIGEON	ROBIN	SEAGULL
SPARROW	SWAN	WOODPECKER

#76 - Birdwatching Terms

```
Y X S Z V P U O P U N F X W P F U G X I G U
N G S Q O P R U L A C H A B I T A T B F I V
S O G Q E A C B P Q L H P A Z G B A O R X B
S J I R C R V S B E D I U G D L E I F L V B
I R C T O A G I L W U B P B V C I G M U A K
G H R E A N Q P A D G E J U F K M H Y V A C
H Q W E I R W X N N L S R A L U C O N I B E
T I K W R K G C V F S O N G B I R D W R D P
I R H S C Q H I F J K I H I G P V P J R R D
N Y E L W K P T M J U T R Q T C K T A A A M
G Z E D K Y N S X N A D N J C S J S P R P D
L Y I K E V K D J B B E H A T R Y N K E T Y
O R W C V E I Q D A S U M X T Z O T T S O I
G K U O N D F R N T W O R T H O E E J I R D
L F Q L V U I D I Q U J W Z H G W R U G A Z
J I T F V B I N R F I W H C A M S R I H F V
F I E R R N G Z L I V I S M X U E I F T N O
E K K G G D M A S W B Z U Y R H I T N I I W
Q L O X R I G R S M I L G V N I S O T N Z C
U L K R N E A G A J P V F A T Z A R Q G K W
I B I R D C A L L Y N Y P B U Y H Y U S N A
I L T A L O N S S L L K L J X Q J H Z Y B R
```

AVIAN	BINOCULARS	BIRD BANDING
BIRDBATH	BIRDCALL	BIRDFEEDER
CAMOUFLAGE	FIELD GUIDE	FLOCK
HABITAT	MIGRATION	NESTING
PERCH	PLUMAGE	RAPTOR
RARE SIGHTINGS	SIGHTING LOG	SONGBIRD
TALONS	TERRITORY	WINGSPAN

```
B J S Q S Y O B V C N C R C U Q B C J G V T
A H D N P U M R A W V W A U J T T K S A N L
O C O W Y J N R K O H E D E S D S N T E F B
T O A I V Q Z G O R E Q S H D T V A R T U F
A O K N D G A O G X K G J J U D J L E S E G
V L M S P R S B U H X H L O E A S P T P J H
J D V G B T A V V X R O K F C T Q W C U R N
F O V U R U A C C G Z R G B N A G H H H G A
F W J R J C R F D Y O G A H A B O O I S Z C
E N M Z S O O P U W E V D M L A H J N U R E
T V L P D Y I E E J G Z E I A T V N G P H N
N A S F V Y U J G E K F A L B T F N S P W D
Q H E U S Y M K C P S I D T J T F E M A D U
X I I P P C B J O O K F L B C X T O A G V R
Y Y R E R T I L H J R N I D A A K R R I X A
A B B E L Z S B F J F E F N L E L L D R V N
E O P U I T T Q O E P L T I G L Q P F R T C
D S I Q D I E B N R R K P D D Y Z J S I J E
X J B K N Q S V D O E C L U N G E S O U K V
G K A D S Z P L A N E A H R X M E H J Z E E
O N O W X H I I T S T A U Q S U H A S O A R
C V A H S K L V S G Y Q J P E M K F A J C T
```

AEROBICS	BALANCE	BURPEES
CARDIO	COOL-DOWN	CORE
DEADLIFT	ENDURANCE	HIIT
LUNGES	PILATES	PLANK
PUSH-UPS	REPS	SETS
SQUATS	STRETCHING	TABATA
WARM-UP	WORKOUTS	YOGA

```
X M Y H S O I S T A F Y H T L A E H Q P R T
K H R B B S K B Q F B M V C C U M S S Q L B
L X D U P M S O V I Z P J L A I X U E J E A
X A W X Y E C Z J B W G A B N W B P I C A K
L O Y R Y T I T V E A K Y E Y J H P R C N B
E Q G N G A T L C R G Q R W R Q S L O G M A
Z E Y O V B O C W I G A A B K H D E L E E N
I F C I H O I Q X Z L S E P J H I M A E A T
S Y J T U L B T S S X V K V I F C E C Q T I
N C X A X I O V G K R A D C M B A N F Q S O
O W J R L S R V A S T I U R F P O T C O U X
I P Z D K M P N R Q E A P Z D N S N Q H I
T F N Y W H O L E G R A I N S K I N T T C D
R A I H N K L K V Y S S E U P P M L T Y K A
O F E F E F Q I M D B A F K M Y A E T K K N
P B T S C Y T O U G V V E G E T A B L E S T
C B O S C A Q A A T E I D D E C N A L A B S
F B R W M A O Y X L X Z O V O N Z I U F K N
O W P I C D I T W E S T N E I R T U N X P N
W J N S D I E T A R Y F I B E R D O M Z S M
G S I E U S D O O F R E P U S Z N K E U Z V
R N E B P Q X H S Y P B B J O R U D P S J G
```

AMINO ACIDS	ANTIOXIDANTS	BALANCED DIET
CALORIES	DIETARY FIBER	FIBER
FRUITS	HEALTHY FATS	HYDRATION
LEAN MEATS	METABOLISM	MINERALS
NUTRIENTS	PORTION SIZE	PROBIOTICS
PROTEIN	SUPERFOODS	SUPPLEMENTS
VEGETABLES	VITAMINS	WHOLE GRAINS

```
I M Z M M E D I T A T I O N T V W W Y X P I
Z S O E K M A N A G E M E N T S U R Y A S Z
X L M N G R A T I T U D E L P Q U I G N D B
F L K T C Q A E C N E I L I S E R P J U S O
V I G A W I X Z S L I Q R K E Z L B P F V U
K K S L O J C N A E S S E N E R A W A O N S
Q S J G B A X M I N D F U L N E S S J N R X
U G R Q N U X F I O K J J Y E V Z M O O Q T
T N N X A Y A V N S K U A M T I F E U I H I
W I G L R V P F R E O M F M N T C E R T U H
I P S N R B H Q T L Y W Y W H I A T N A I F
B O S T I B T D N F U Z N L P N X S A X Z N
G C E E X E O Y K C X O T Y Q G N E L A P L
Z U U S N O B R A A L V E H W O O F I L O A
K R Q R M H D L D R J T C X E C X L N E S N
W U I O Y V G M L E G G T X Z R K E G R I O
J E N A U U A F F E O V N D F K A S D M T I
J E H O P R O X G S W R I D Z E H P J Y I T
F R C T S J H R E M W L H Y K L P E Y F V O
G P E P S V E B Y F X H E D C R C C W I I M
H D T R X A B Z T K J N X U Y E P U Z V T E
S Z K Y I Q N A S T R E S S R E L I E F Y D
```

AWARENESS   COGNITIVE   COPING SKILLS
EMOTIONAL   GRATITUDE   JOURNALING
MANAGEMENT   MEDITATION   MENTAL
MINDFULNESS   MOOD   POSITIVITY
RELAXATION   RESILIENCE   SELF-CARE
SELF-ESTEEM   STRESS RELIEF   SUPPORT
TECHNIQUES   THERAPY   WELL-BEING

#80 - Healthy Living

```
L S T B E B N T S O O B Y T I N U M M I Z X
Y U P B E S X H X G H D L I F E S T Y L E J
N T V R N L I B B O D W H B S E L F L O V E
O Z R G E T G C Y U T A I K U G S W A U I M
I J P Q I O W R R M S E J Y Y E F U Z Q R S
T S W E G Z F O H E C Z D E T H C E F L K P
A Q R L Y P L O N Q X D Q N T I S J I R V I
T W W A H Z C D H N K E S I D W V J J V Q H
I D C C P H S T N X N C C T R V C I X O K S
D J Z H E J T U P A Z L J U O G I U T A D N
E D P Y E N R O Y G U W R O B F C F U C Z O
M S S D L R E M K Z D O D R C O F I L M A I
G A Q R S X S U S Y E S P U K C E H C M H T
P S A A Z Q S H C F S D A V T F D Z B G D A
K W T T W D F M L K A B T E V M N F Y A T L
L W E I J A R Y A H B Y I L M B R U Z J I E
F A J O B N E W R O T D U M Z K E T S R K R
D L N N A A E S U M N A C S L A C I S Y H P
P I B X V V H T T S A Z J A E D U T I T T A
S G I I W F L V A E L T P G K H M V T P L Q
E N E I I P C W N C P R G X N F T Z C B C U
G N I T A E N A E L C D X E J W G E W Z T Y
```

ACTIVITY	ATTITUDE	CHECKUPS
CLEAN EATING	DETOX	DIET
EXERCISE	HABITS	HYDRATION
IMMUNITY BOOST	LIFESTYLE	MEDITATION
NATURAL	OUTDOOR	PHYSICAL
PLANT-BASED	RELATIONSHIPS	ROUTINE
SELF-LOVE	SLEEP HYGIENE	STRESS-FREE

```
S Z E E I B U D B D R E L A X A T I O N L U
J C Z G B H K T R A N Q U I L I T Y N N I J
T O A Q R E C A E P R E N N I V F U T J G V
Q M G P P G N I T A E L U F D N I M D M J T
G P F Z N O I T C E L F E R P H F N K B X B
S A A F Q Y B G R O U N D I N G O R F U N S
E S L Q O H L V F H Q S R U I S Y I O V D
L S Q W Z C K J Q U C E H E T U A R N N I C
F I C L Y T I R A L C D Y A C W P J E A S A
A O H F I O O Y J S L F T O A P U D C C U L
W N N M S W Z U I E V I F R E D U O H S A M
A K Y Z U H U C R B D S E U G T Q B Z Y L N
R Q I A Q P L W V E Q N Z M I H R A G D I E
E U W G Y N C A M I E D E T X E C N A O Z S
N D E B Q Y Y W F S J N A K A C I H P B A S
E X F P R J O K S H T R N T E R U Y C X T X
S W M J V T S T Y F G S H P E N M Z O I I X
S E C N E S E R P T M I T T P W G Z D K O O
Q S N B Y S F E E Q N A N A P L N W I M N H
P I H C W K T T X G N E M S A X A O X U V K
I X F N N S S B O C C F M N W N F G U S O Z
E P Q F V Z W P E Y W T N V W Q T B O O K K
```

ACCEPTANCE   AWARENESS   BODY SCAN
BREATHING   CALMNESS   CENTERING
CLARITY   COMPASSION   FOCUS
GRATITUDE   GROUNDING   INNER PEACE
MEDITATION   MINDFUL EATING NON-JUDGMENT
PRESENCE   REFLECTION   RELAXATION
SELF-AWARENESS TRANQUILITY   VISUALIZATION

```
J T A G L C A Q P R P D W I D E J D Q R Q R
N T J E O K N C A P L L F O L C R Y F O H B
S L D K C T O D K E C E D L B I O M E T E V
I E R O T A I D A R M I G Y A R T D O C A S
Q B A H J Y S L D S U H W N T K E Z X E D M
S G Y D C L S N Y Q F S U T T A R X P J L N
U N G S E R I T J V F D E B E P U U U N I J
S I G Z O Z M D P P L N Y I R H B D T I G P
P M P Q I S S B Y O E I I T Y L R V Y L H U
E I X J L T N W J X R W R F A F A X B E T R
N T C I F K A X O G A O O W N I C E D U S C
S K N D I O R I U H T X M I R M L U L F J F
I T S I L R T W F A E G L E R U R P R Y U K
O S D W T E K I N Y U X T E N G W X I E T G
N E A Q E O J R D L A L N A Q Y U Q L P K U
N T P F R Y E Q P W I I T J S G B T U W E P
D Z E Z Q T F K B F G N Q Q Z E T F R D R F
V Q K X L Y R K R N S O Q E I A K K P N Z V
O W A A C A W I E A J F E V N Z V A P C Y C
L H R G P P A O T N Z K F K X Y Q A R Y X M
Z T B S A M W A D Z Q C Y O O U S W K B G C
W H L I R D F M H S J F E U C M H T V R I G
```

AIR FILTER	ALTERNATOR	AXLE
BATTERY	BRAKE PADS	BRAKES
CARBURETOR	ENGINE	FUEL INJECTOR
FUEL TTANK	HEADLIGHTS	MUFFLER
OIL FILTER	RADIATOR	SPARK PLUG
SUSPENSION	TAILPIPE	TIMING BELT
TIRES	TRANSMISSION	WINDSHIELD

```
W N O I T A R E L E C C A Z Q P P A N L X R
D T U R B O C H A R G E R R D A W G O N N R
T P U Z P K E O T Y L T U R I P B R I V R H
I O Q X F T M D D Y F N L R L G T D S A Y L
X N R D K W X I V I W Z B E B N P I N W W Y
A I T Q G Z D D H H A A G J O S D O E A R O
D A W B U M Y S A H G R B C S P N D P L B C
T R W Y O E R C L S S I E Z I G Z R S G Z W
Y T W W K A G F L Y H S M L B K I S U D L G
R E E S E Y N Y S U I B L L Q T H C S Z V S
E V K G W T Z T H U T A O D T S V O X M S U
V I M H F A E G R O R C W A E H Y U A Y W P
O R R O B M A C L Z N C H F R F D P N G V E
S D R R R X O I T A R E L X A D T E N A S R
S M J S G G A L M Z P M A R Y Y V L N X H C
O A A E Q W N L N O J I P S M B C T J M I H
R J X P G C B C H B I L M G C I I Z D O K A
C I O O M D N O Y C R Y I P G T A Q R G N R
O V M W O F K R B O I T G G H G I D W H V G
A D K E R P K S R F U E L E C O N O M Y N E
A Q X R N P F S I M K V F M M W O F R X D R
A D Y G Q L W G D Z O T J Q I D X D E B J T
```

ACCELERATION   AIRBAGS   ANTI-THEFT

AXLE RATIO   CLUTCH   COUPE

CROSSOVER   CRUISE CONTROL   D-PILLAR

DASHBOARD   DRIVETRAIN   EGR SYSTEM

FUEL ECONOMY   GEAR SHIFT   HORSEPOWER

HYBRID   MPG   SUPERCHARGER

SUSPENSION   TORQUE   TURBOCHARGER

#84 - Automobile Manufacturers

```
J J U B W J F U S M V W I B R U W Y C C V Z
D M M N I U C B N S I U C L P A W W V C O R
U I U Q D F N G R Y X G O I T U T B L L O E
I H Z C U O K F D N P J N M K V A O R I H V
G G U A A Y I W X R M G W Y A K V Y Y Z V O
K O Z M O L E R I U O P X W A K G G M O I R
A P D C N M I X K Z H F U G G D L O Z J T D
V Z U W I N I H G R O B M A L L N G E K F N
N I S S A N R A U G A J L I O W C O E G V A
F Z N E B S E D E C R E M T Q Y M W H X O L
S F X C D T S U B A R U X A A K C K N W L L
E Z O H P P O Y V O C Y J R P O T Y H M K Q
P E H T F O B X L A U C H E V R O L E T S V
I X J D Z A R T V N B M B S D M U K O Q W Q
E T O D K I Z S U I E D F A A W S W V E A B
D G I K R J V N C A S P J M H D M B W S G X
O P P Y U T A Y F H U U T W O E B B H C E K
T X G A K M J H X P E V N F A P E E J U N G
J Z Q H C P L Z T N P W P E P T U N H S D D
V F C A D I L L A C Y H Y U N D A I I U B O
U W F A L S E T P E V J S K C I U B A M M F
D W P U B I P U A P W S F E R R A R I K T E
```

AUDI
BMW
BUICK
CADILLAC
CHEVROLET
FERRARI
FORD
HONDA
HYUNDAI
JAGUAR
JEEP
LAMBORGHINI
LAND ROVER
MASERATI
MERCEDES-BENZ
NISSAN
PORSCHE
SUBARU
TESLA
TOYOTA
VOLKSWAGEN

```
M R C V U Q L A V E N D E R X C O B H X S S
E R T A L W P H Q B K D Q J Y Y U N T R L D
F V Q U Q P X E S O R K H Q G N N W R J A U
Z D K Q X P X O J C X Y I N A O Y R J B I D
B L W A U D I I E V D A G I P H F J N J N Q
G O Q O W R W F T R P F N X A E B E O M N A
J G I K I E C U A F E U I Z N A Y P I J I K
M I L S S D V N G C T A Y Q S A R E T J Z D
T R F Q K D G R O E A A M Y Y U A O A T X M
V A S G K E J S P Y R X I W Y T O N N O M J
E M U B A A M I Y T A A O W F J N Y R O T E
E K N R N O N Z P S G R N K B B M B A O F S
Y D F Y S O F P N H I M N I V T N N C B Z D
Y C L D G O W I X R W A T A U H N O M O J O
B Y O A J D S L B I Y P D T P M J E P O N W
I G W F Q E L U E J Y W R Z H E W O R P A J
A N E F L H J T G E L L X J N X P C K M O O
X D R O E B D C O I I B I C G K H H Y P V T
T S U D T V V K N N L S C A L I L U N H B F
U T Z I D I D W I K Z P G T D O J K T U T L
F K I L G P Y U A Z G V S G W I Z L D P R Q
S U C S I B I H Z D N J N Z E C Q G H P J D
```

BEGONIA	CARNATION	COSMOS
DAFFODIL	DAISY	GERANIUM
HIBISCUS	HYDRANGEA	IRIS
LAVENDER	LILAC	LILY
MARIGOLD	ORCHID	PANSY
PEONY	PETUNIA	ROSE
SUNFLOWER	TULIP	ZINNIA

#86 - Gardening Tools

```
Q H Z Y D I F B W G A G U C U L C O B Z X I
C M A U T R O W E L N S K D Q W X T F D A Z
O L K S E X M M B H G T O P A F F R C O N K
B G O O G Y J Q O K N A W V A I R E A V R J
G N B P S K S A O O W V R B E V J R K Z K K
W T I L P R H Q T J Q K D D I U Y A B A C J
H X V A W E U S S M R W U E E E P A Q A R R
E P W N X K R E H Y T O X Y O N P A P C W O
E H I T O D N S T E P L C H W R H Q H D G T
L H S P G B G T C A D L B A O D H O U R A A
B M E O Y U F L S I C G Z N T Y L P S X R V
A H E T Q T I M C T Z E E X X B A S E E D I
R M D F N S G Z I P R M S T M B C S D E E T
R X S R E D A P S J P A Z X R Z Y A E E N L
O Q P E A T A N S T X I C F Y I S N I B K U
W R R W Z W E U O Z Z X G N A K M L M K N C
T Z E O V Q S Q R K J I E L E H O M F O I L
Q Z A M V Z P M S K A K T X O D S L E Y F X
Q X D N V X W H L N L P P S L V R H O R E H
P W E W A I Z P G A G C S Z I D E A L L C F
D Y R A C A K X V T Q M E Y I H O S G D F G
L V Z L D G B N J Z V N A C G N I R E T A W
```

APRON	BOOTS	CULTIVATOR
FORK	GARDEN CART	GARDEN HOSE
GARDEN KNIFE	GLOVES	HEDGE TRIMMER
HOE	LAWN MOWER	LOPPERS
PLANT POT	RAKE	SCISSORS
SECATEURS	SEED SPREADER	SPADE
TROWEL	WATERING CAN	WHEELBARROW

```
B N H B S T O P R E W O L F N F D T X G Q U
W T Y Z P U S J L E W D H Y K B T E W D C S
N D G A R D E N S T A T U E I S G E Q E D S
J J J U G B Q F R G G H Z R G D S M A N G V
T A E Y A A X V K E E W D S A O E O E I Z D
D S K R R H U P D E T F H G R S M N W A Z G
I T Q A D R F E N C E N L N D V I G N T T S
P E D I E F L Z T E G Q A S E H H N C N T A
K K L P N J B B D A H M L L N I C E T U R I
Y S Q O L K I E Z Z R D Y T B H D D J O E I
A A D T I N R K A S X C U V E N N R K F L Y
W B G R G Z P G B Z G W H P N H I A L R L M
H G P L H O U R S W F A T D C P W G N E I O
T N K B T H J X D N Q K L Y H O C H J T S Y
A I C G S E S P P Q X Z L F B P V Y T A D P
P G F S N P E X P B P A D E N O H G B W F Y
E N T D K R V K A O I T Z S Q E P G C R L H
N A G L G F P T G D D A L D J K D R B O C J
O H L O T A F H N J G T G D D O C R T K P Z
T Y L C H U Y U E J H T A B D R I B A H R O
S A Y T C N S T X S T R K E J P O M O G R Y
G S E N O T S G N I P P E T S D J L K N Q N
```

ARCH	BIRD BATH	BIRD FEEDER
FENCE	FLOWER POTS	GARDEN BENCH
GARDEN FLAGS	GARDEN GNOME	GARDEN LIGHTS
GARDEN STATUE	GAZEBO	TRELLIS
HANGING BASKETS	LANTERNS	TOPIARY
PERGOLA	STEPPING STONES	WIND CHIMES
STONE PATHWAY	SUNDIAL	WATER FOUNTAIN

```
F T N A L P R E D I P S X G B N C T Y O D W
N R E F N O T S O B Y S P A S V C N V Z X D
J H X B K Z A D C K U A E F A X C D I X S W
P D I T D L U V G C N I A R S R R A H Z N C
A S M J Y N T R C E E Z C I G K T I S B T B
R A I O Z I E U A H V R E C D T U L I W N M
L M Z X N Z L C P N D K L A I F D E L U A J
O L V W F E A D Q O Y B I N G S G M G N L J
R A X H N R Y H T R A I L V U N F O N Y P N
P P O T D B Q T T D R F Y I O A P R E S R J
A O S R N O Y R R N E N B O W K E B T E E B
L O P K Z E V I K E V M N L H E Z N F V B G
M B O B N F B G V D E H U E F P A I O T B H
I M G X E T M N O O O W U T A L Q J J L U O
H A C H W Z P B M L L Z E Z P A U C P O R C
I B Q R B F E R N I A I F E V N T Q I W W D
Z Y J Y M W E N D H O Q D G O T I W Q A G U
Z Z Z W W Q B X I P T A Z T U I A X U Z N X
I R Z P L C J F H P J S V A R E T S N O M A
S P V V A N Z T C S O H T O P Q N S L Z B S
F Z Z P L A N T R U G P D U X P R Q G M B H
Z N B H G P V O O T S P D R Y B R Q E G E P
```

AFRICAN VIOLET	ALOE VERA	BAMBOO PALM
BOSTON FERN	BROMELIAD	DRACAENA
ENGLISH IVY	FERN	JADE PLANT
MONEY TREE	MONSTERA	ORCHID
PARLOR PALM	PEACE LILY	PHILODENDRON
POTHOS	RUBBER PLANT	SNAKE PLANT
SPIDER PLANT	SUCCULENTS	ZZ PLANT

```
X Q X V C U A C G M G Z Q V D N X T U Q E W
Q F F L V V W A M S P A D E E S P M S D R N
R L N N I Y O A D D U N H L B Z E O M M M E
H E V K J U L X C A I Q I C Q S R A J M S T
C T M N P H S E E L R S C V R T I Y I M B O
S C B O Z Q S S F K N Z W N X G J L M N Q R
M H Y B I R U G Z F L M I A R W L Y V D Z I
M E L M O O X B L K Y F M E L H O V M I A O
F R W M L B K U B E N N T G O L Z L S Q J P
E A A C O D S I K F G W K N M J A I F N U P
R U R M Y P U A R N P O E I H V P N S E O S
Q B S I S M U P L H N R B J I V J E D J D A
T H H O O A Z O I A S B E W O L R A M E P K
B O A H K R T C V N N Q R V Z Q N W X O R G
G L W M N P C M X A C D R P E Q E E B V O B
O M S K B L J K B Z O Q E Q Z J L Y Z C E N
G E K A M E N G V U L U Q R T O K U N V Z O
T S I U F I D U V Y U E S V H E C M O N U N
C J S T Q R B V S F M E T C U J J R S M P X
G C E R S I D A V O B N F J P J N T A J T M
J H C S O B V F F T O C B P U M I U M J H V
F O Y F D E L I C I I L K V L I I M D U K Q
```

BOSCH	BROWN	CLOUSEAU
COLUMBO	DUPIN	FLETCHER
HOLE	HOLMES	MAIGRET
MARLOWE	MARPLE	MASON
MILLHONE	MORSE	POIROT
QUEEN	SALANDER	SPADE
WALLANDER	WARSHAWSKI	WOLFE

#90 - Crime Solving Terms

```
Y N O I S S E F N O C H G V G F P J R K L A
J D W F I N G E R P R I N T I H T S H K X P
H U H X M E P I B I L A I U N J S E X D U Q
U K O J Y S B Z Q J M G E P P K P C F S D H
K E S A C D L O C Y O N V R T F A N R E A R
R K C K H D U I U F E O O E P W M E U A M R
O Y V A J G E T F C P F S W I S O D C R G Y
M U X U J V P E S N I T E T R X S I U C J B
Y I V O U B N E Q L I C N W H C A V Z H U O
S Z L G U D M J I M U E S K J P B E E W N F
P M W U E I C N O P S P U G B D P I H A N T
O A F R R X G N L S Z O S E J S M A J R L B
T N N C Z D Y B I J C G P D P Y F X J R M V
U H L T E V I T O M K C E O M O Q V Q A F E
A U P L R V V Z N E V F C G E U D D X N W P
J N V P I V G G K K P E T Z H E R I H T N D
W T Z Z P L F X N L D B A L L I S T I C S G
U R R V D T E L N E V I T C E T E D D Q F U
A V V G S W J D O S O D N A A N A L Y S I S
M O X P J N U Z J H R O T C E T E D E I L U
Q P Z H T I L S C I S N E R O F S D Y X J R
T P Z M W B C E E C N A L L I E V R U S O N
```

ALIBI   AUTOPSY   BALLISTICS
COLD CASE   CONFESSION   CRIME SCENE
DETECTIVE   DNA ANALYSIS   EVIDENCE
FINGERPRINT   FORENSICS   LIE DETECTOR
MANHUNT   MOTIVE   OFFENDER
PROFILING   SEARCH WARRANT   WITNESS
SURVEILLANCE   SUSPECT   TESTIMONY

```
I T P D E J J I Q V N U V R R S K J L H N K
X P G V Z M X S I S Y L O T U A Q C W A T C
T R A C E E V I D E N C E J P L D F L I K H
S C P X W Z V L C W E G C S Q J E S W R W F
H B T O U G R T B S V R I T J C L I N F Y I
S S G D V Q I P X Y I B B N C T U T T O O B
C A L R R O I S B M D A J I G J T R E L K E
I H F F S U C T E L E L G R N V S O K L G R
T A S Y S Z J S O G N E O P M H D M K I G A
S I I A H M C A A N C M D T T Z E R R C N N
I R T C N E M C B I E I H N D C D O O L P A
L A R T N D M T E S B R F E D R K V C E R L
L N O E Q G E N C A A C I T Y K K I Y E L Y
A A M R T C L I E C G H L A W S I L B X G S
B L R S V U A R X L R I A L D X P I P F Q I
R Y O A A D U P P L S L M N W W L O K B U S
Y S G Q O S Q T J E F A E B M A U K T C K K
Y I I O M G M O A H K I N T C Z M J L U A R
Z S R D K Z Y O N S I Y T R C P X P M W A V
A O I Q Y C N F S O A J T O X I C O L O G Y
S T N I R P R E G N I F K H S X B G U N Z B
J B S H P A R G Y L O P I B L K M B X T W Q
```

AUTOLYSIS
CALIBER
DNA
FILAMENT
FOOTPRINT CASTS
HAIR FOLLICLE
POLYGRAPH

AUTOPSY
CRIME LAB
EVIDENCE BAG
FINGERPRINTS
LATENT PRINTS
RIGOR MORTIS
TRACE EVIDENCE

BALLISTICS
CRIME SCENE
FIBER ANALYSIS
HAIR ANALYSIS
LIVOR MORTIS
SHELL CASING
TOXICOLOGY

```
A J A F L I T E P R A C U F R E W O H S M T
C E Y R K S M W X X A L I B U T H T A B K N
V A L C T V B Y V H E L B A T G N I N I D Q
H F Z F K V Z Q N O E I T M M F R S N J Q U
N Z P P T U K N J R S V B L N B O Y T Y I K
O B A Q W B C V U Q M E A Y C E O E E B G I
I R X X G L S J N P M A L W B G W U C R Y N
S P O R C H R P D M H Y R S O E T H G E U K
I W V A D C B K L C H T K N W R D K U F F K
V K H I W C C R V O D B O C R C C D B R N N
E E I R F U O E M U P S O M T Z J I S I J I
L L Z K I R F S K N S B B P O F F C M G I S
E M O C R T F S L X N A F O S L A W J E U N
T S C G E A E E X G J O Q H E Y G K X R E E
R X X G P I E R G A Q D Y H T V D E S A B H
Q K H A L N T D Q A L Y S N F M R D P T X C
Z J X R A S A Q J Z M K Z S V O Y R G O A T
F L V A C H B N N A O M O M D N E R R R E I
K O X G E W L Z E O H Q U A L B R H R T V K
S F V E A E E L B D V L T E S O L C E H N X
B G G D I S H W A S H E R X T S A K B G O E
B N G K M X B F Z L H N U U J W C M O D C Y
```

BATHTUB   BED   BOOKSHELF

CARPET   CLOSET   COFFEE TABLE

CURTAINS   DINING TABLE   DISHWASHER

DRESSER   DRYER   FIREPLACE

GARAGE   KITCHEN SINK   LAMP

MICROWAVE   PORCH   REFRIGERATOR

SHOWER   SOFA   TELEVISION

```
U D L E I F F O H T P E D J P C T U K E V K
A I S T O T Z R A R E M A C L A T I G I D T
G A I N Z O M P E A A R M T X P S X Q K H S
N A Q V R Z Q W T D U P T K G R V U E Y G P
C V R G V Q W O B S N Y V L K N M C C U I H
Z T V O X R N Y W G D I M E V F Z F J O F O
I F F G V D C A M E R A F B S U Y W I K F T
F D E E P S R E T T U H S W O I H Y G G T O
U M E R Q A P A H K R L P V E K O I P R Z E
V F V D D H D G N S N R X S F I E N Z C A D
U S D L O E T F B D A B A H R L V H E K R I
Z N V B Z M O G H E E L X X L E N S N C V T
Y O R K K A T J N D R X F Y G A C H O W W I
J R O N O F A I N E R U P A S G Q E P M X N
S A Y M O T B M A Q L A T O Q F Q I W O V G
V W P T R I P O D R I L C R S X M H S N A B
P F N M V X R J H J T F A Y E U F I F D Z M
L O O K E U Q B J N M R H C R P R P I V F G
Z R J W K E U O A F N M O R O O A E J Z X G
R M L U I D T K U C C V N P F F M D V E L T
F A V G Y S L I G H T R O O M V C E A X L R
U T H K M Q B H Z S V P H C J S N J M J M F
```

APERTURE	BOKEH	CAMERA
DEPTH OF FIELD	DIGITAL CAMERA	EXPOSURE
FLASH	FOCAL LENGTH	FOCUS
ISO	LENS	LIGHTROOM
MEMORY CARD	NOISE	PHOTO EDITING
PORTRAIT MODE	RAW FORMAT	SHUTTER SPEED
TRIPOD	VIEWFINDER	ZOOM

```
K C N M H E S H E M B Y E W G Y W C B U P E
Z I I J E R B G U I T A R D K L T H M K P N
D O D X H O B O P J B A N J O G R A I U Z O
C Q Z D R L M Y N V K W Z N R J U N X L E H
H N W T H O D O N V F T L Z U A M Z A E C P
B H I N I L O D N A M Y E T N C P D E L X O
W C O X A C S H I W C Y B C B C E M O E E L
B A N U Q R R M Z Q L H B H A O T M M Y B Y
H H A L E L Z K A S A A W I S R A T H X O X
G O I E K T G T N M R R V Y S D A I S O V U
B K P I H E U C R W I M I X G I G K F B J K
T Q O C H P C L S C N O O W U O M M K O B S
N L I M C V E V F N E N L O I N M U X E D F
C Z U K K A L P B O T I I C T V J R U O E N
V I O G Q O L M R Y D C N Y A X V D L N W K
Z L J R X J O T R V G A A I R C L B O G A M
E Z G K K X U M O L V L K E M L U B C F Q S
C T Q E C B R X W C D J U Z N M M L G B J H
G T N I A H A R P F V I U K T O S G A T O O
A B M I R A M E L C F V T R R G G W X Z M Z
D D X P H N Z P Z E E P Y T W Z G X Z L K F
S Y I E N O H P O X A S M C P W R L W C V M
```

ACCORDION	BANJO	BASS GUITAR
CELLO	CLARINET	DRUM KIT
FLUTE	GUITAR	HARMONICA
HARP	MANDOLIN	MARIMBA
OBOE	PIANO	SAXOPHONE
TROMBONE	TRUMPET	TUBA
UKULELE	VIOLIN	XYLOPHONE

```
Z Q A G Z V P S T S J O W K D A C A Z Q F Y
T B M E T A C I L E D C T O C J U U Q M P S
N H W N N U G H T L U F E C A R G E Q C K R
A E A X Q Q U L C I T A M A R D L M T B Z Z
G J O V U W Q Q O V R A C V O W H A Z D D I
E R A D I A N T H O V U X V F N N J O U N O
L Y O E S N E T N I M E K K W V L E T F B E
E B R I L L I A N T T Y B R J T O S P S D S
S P A R K L I N G J L N T R N N S T P U M U
X G A W V R I I O R M N G D J A S I E O W B
L U F I T U A E B E H J F Z O R R C L I H T
C N S U O N I M U L J P B V Q B N B V N I L
E C J V A Y C I T E G R E N E I G X W O M E
V L D P K C L C X N K E B T X V Q Q E M S U
F W R I Q O I C U E X N G T J H S M D R I P
K M O P Y L U D K X O E A M Q D M Y P A C O
W P L F I R Q X Q Z D R S U C I U U B H A J
T J X P U W N V F X I E P E W M S J O S L A
U H C M O W A R P A C S Z I L L B N L T E C
A J H S U Y R T J S Y T U G K F A W D Y O Z
S N D G Z K T S K K U B F F F Z B P O M J J
C B D E U Q S E R U T C I P Q T F D L V L G
```

BEAUTIFUL	BOLD	BRILLIANT
DELICATE	DRAMATIC	ELEGANT
ENERGETIC	GLOOMY	GRACEFUL
HARMONIOUS	INTENSE	LUMINOUS
MAJESTIC	PICTURESQUE	RADIANT
SERENE	SPARKLING	SUBTLE
TRANQUIL	VIBRANT	WHIMSICAL

#96 - Astronomy

```
D U A E J P V M F J B S X U W K W A V M R M
I N D V M S L C N I M U S H M P V H H E S D
N O C C P Y T A Y G G A I M J G R U C U F T
R I P M E K J A N T T G S E M V L P M F Q
W T N I S T W G R E E T T I I W I E A E L D
S A F B E R K H L D T N K L T P R D U F K F
D T K X K E C L W Z B L K S S N R E C M B Q
G S G L T I I A U U A Y U E O F O O U B O K
K E A D L T R P T L W D C V Y Z S E B E Y E
A C R S E F X L U A C J A M X Y U Y U T E S
F A L B T G I B Y I G N N Y A X O H R L Z O
N P C I Y E E D M I Z T M X L C V M O C F L
L S J I G N R S Y N Q E R I A W L H E G D A
A S W S I H O O A S T Z H N G H K E T E J R
X G B W B C T C I I Q B J N N C P E E W N S
C O M E T N K Y B D G Z Q D A O E T M S T Y
R S T V M T D R E P G Z L C N V W O L S S
Q C W S Z C O G W A U S B S W X K V R V V T
J D K B K X U S J A R N E U D Y S O M Z I E
G E C N C C O N S T E L L A T I O N F P G M
Z R E D G I A N T K E A C X D X B A Q G F I
B Z S G D W C P W T P K F X L S K I J Z D V
```

ASTEROID BLACK HOLE COMET
CONSTELLATION COSMIC DUST ECLIPSE
GALAXY LIGHT YEAR METEOR
MILKY WAY NEBULA ORBIT
PLANET RED GIANT SATELLITE
SOLAR SYSTEM SPACE STATION STAR
SUPERNOVA TELESCOPE WHITE DWARF

```
Q L F X H G O M J J G R A N O L A N E Z P B
C W L C C R O I S S A N T Z T N H U O C Z U
R P K A Q C M C B Y Z I L I C N S Q Q K E W
B B F S E N Z S Z U H X M P V Y O F Q K W C
Q M L U W M Z V X F R E I T F G L S S E P E
Z U A B H Y T T L S R R U R L N E M P M V G
P X S D D O O A X I T E I Q G L M A U R C D
R J Y T W U J G O H T H D T F G Q F U G Q I
E O K B H V I S U T C L F F O S F R E C S R
U Z M M U A J T E R W I A J H I Z S U X E R
P I X W U U Y L E R T W W E N E P C X N K O
B V I B M L E T J G D P V D R H Z M W E A P
M L Z E E M G U Y C A A A K N E O S B O C Q
A F N G O I C C Q E W S L R Z A C A T V N V
F S A N O C A B H M G M U A F P S A E M A F
K B S H Z O I M H J J Z K A S A E Q W T P J
F W F R E N C H T O A S T Q S T I A J U M T
Y Y L P D R R I A F M K M X Z M I T W J R Y
A S C R A M B L E D E G G S I E E U L V L S
A J S M O O T H I E E O J H N C V E R P E M
P M W F A M W S N W O R B H S A H Q L F D M
G N I L A L L E G G S B E N E D I C T T T D
```

BACON	BAGEL	BURRITO
CEREAL	CROISSANT	EGGS BENEDICT
FRENCH TOAST	FRUIT SALAD	GRANOLA
HASH BROWNS	MUFFIN	OATMEAL
OMELETTE	PANCAKES	PORRIDGE
SANDWICH	SAUSAGE	YOGURT PARFAIT
SCRAMBLED EGGS	WAFFLES	SMOOTHIE

```
X F B T E Z G M U L Z P W Y X A T X K M X W
E K A L T Z B K W S V Z C M B P Y Z H I D T
J D U E F L Q O Z K P J G R E P M Y V M T T
D C R L I B R A R I A N O Z A Y N E E R S S
G O J B N U R S E L A T C H J M T N E U I I
F B K P T Y G S K R C A V V A E I Y R R C L
O R G P M E N E T O V B I D R W W E E G A A
P B E Y M Y W I D K X F N I Y A N C F L M N
X S S T I Q S G A U T K N X L Z I C Y D R R
S R C P H T X E O N J A I N Y F H X Q S A U
D U L I X G S T A H R Y I D F E S Q Q R H O
G F Y K E C I T E I M T P O F J V R K G P J
I H D D J N N F A A R G E Q W R I T E R Q W
P J D I S U T N E E C C C P Q Z E P J K G J
S O Y L O P I I E R I H A R C H I T E C T O
J Q Y C W C D N S L I J E Z R W N S D U L L
V D C X G B I U O T O F X R D R W V X D J M
B A P Q D G Y P E V A E R E B M U L P K L Z
Z J I B N G D B J W C K O Y E X P I P T K V
C E L E C T R I C I A N Y H F M E I K W U H
B P O P Q Y B X Z I N C I N A H C E M B W L
Z Z T H C N B J H Q K T E X H N Y V X T A A
```

ACCOUNTANT	ARCHITECT	ARTIST
CHEF	DOCTOR	ELECTRICIAN
ENGINEER	FIREFIGHTER	JOURNALIST
LAWYER	LIBRARIAN	MECHANIC
NURSE	PHARMACIST	PILOT
PLUMBER	POLICE OFFICER	SCIENTIST
TEACHER	VETERINARIAN	WRITER

```
L R C G Y A L P S I D W O D N I W F A A P Z
E E S G W R V G I F T C A R D M E Q W X S Z
R T H I S J K Z W I E E N S X L L R D A T O
Z U O G G V S L A I C E P S V Y A I W O E Q
L R P A R B P X C E Q W R Q U P S G T P V N
S N P T Y E P P E E S P M F I R F H U X Y Z
M P I E C Q C S N Q L W G M P P X Z Y U B H
O O N C Z C E E E C R E D I T C A R D N Z P
U L G I A H X F I T T I N G R O O M O T Q E
D I B R K D G R E P S H R S O X V S D D X T
T C A P G F Y D V C T T T L L C R E S T F S
L Y G E C P O D O I U O Y F A E A Y S G R H
V D B H T C C U F O R H V S P L M R G J Q O
E A Y X R T N O K E Q L H S S S M M W B E P
S D S A B T T C H R F R E C T U W S G N N P
A Z B W Z E E O T F E L C A M N L C I Z I I
L L K Z U H U L Q G A K D T H G N G L K L N
G R R H C R Y L I S A W J A D P E T M J N G
X C F X S C L S Y K E G Z L L L Z B F W O C
R S U T F W T O I O A L V O N A W O J C N A
U P X T F E F U K W M Q C G S O F E X R S R
S G I N R F F S H O P P I N G M A L L I N T
```

BARCODE

CASH REGISTER

CATALOG

CHECKOUT

CREDIT CARD

DEALS

DISCOUNT

FITTING ROOM

GIFT CARD

ONLINE

PRICE TAG

RECEIPT

RETURN POLICY

SALE

SALESPERSON

SHOPPING BAG

SHOPPING CART

SHOPPING MALL

SPECIALS

STORE HOURS

WINDOW DISPLAY

#100 - Social Media

```
A P N A Y N W K T V J J U G F K P A X W J A
T R Q M C E Y D I R E C T M E S S A G E B T
L O Y R K A R Z P J I P O S T I O E B P X B
Z F C V H E K A H M M S D Z F P U N H L Q J
F I B M A T N Q H Q S K M F E Y S Y T M C Q
O L N A T I L I D S P J J M G T T M Y A A S
I E Z R V S I A L E T U A C O Y U R C C L C
L P F G Z M K U R E Y P O R X X L E N W Y C
R I L A M J E L P I M X Y F A X Z U E O F O
T C U T Z C U Q A D V I T I K T O K R L J M
N T P S D J Q M Z J Z Q T T B H A K P L J M
E U W N S N A P C H A T K R I V Q N F O W E
T R O I K G E Q O V B E H N Z W Y A E F F N
N E Y E T X H F J U G M F Y Z B C R G F E T
O F U A B T L N E T P L W L C E S L V B L M
C H W O Z J E V T E U T D M B N E N G I O V
T S P Y J W W R M E D J U O T E L A N Y S M
H Y C I H L U X N D F N O D U T T K M O G E
U X T D A F J C G Y T K Z W D H E P U R S M
V S Q Q W P E M D I K H J B S D L S C X S E
M Z D I E R Q G N O K P O A I B T N I M J V
Q E M F Q V I X D J Z M H N D J J N Z A P A
```

COMMENT	CONTENT	DIRECT MESSAGE
FACEBOOK	FEED	FOLLOW
HASHTAG	INFLUENCER	INSTAGRAM
LIKE	LINKEDIN	MEME
POST	PROFILE PICTURE	SHARE
SNAPCHAT	STORY	TIKTOK
TIMELINE	TWITTER	VIRAL

SOLUTIONS

#1 - Classic Movie Titles - Solution

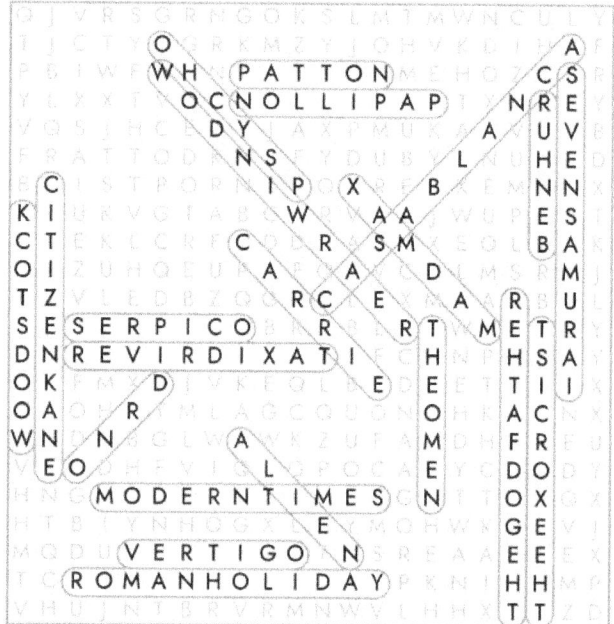

#2 - Classic Movie Actresses - Solution

#3 - Classic Movie Actors - Solution

#4 - Classic Movie Directors - Solution

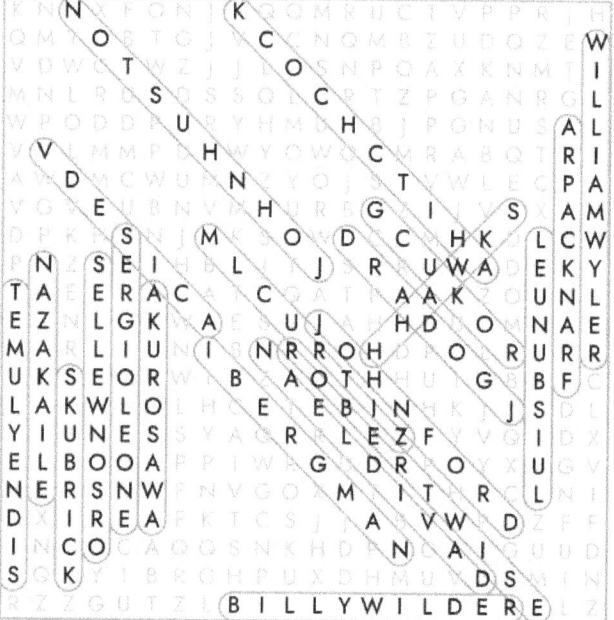

#5 - Classic Movie Words - Solution

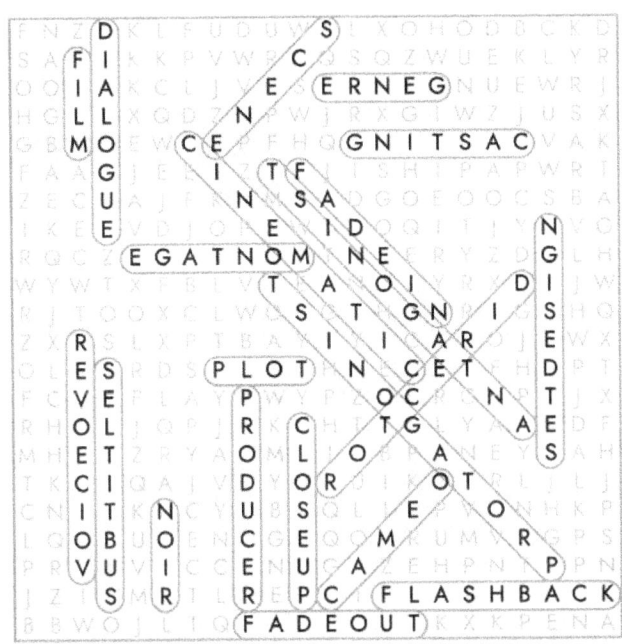

#6 - Singers of the Golden Age - Solution

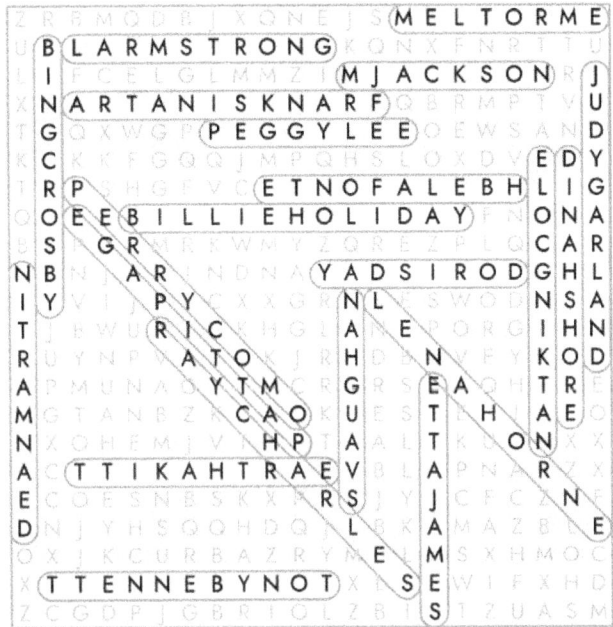

#7 - Bands of the Golden Age - Solution

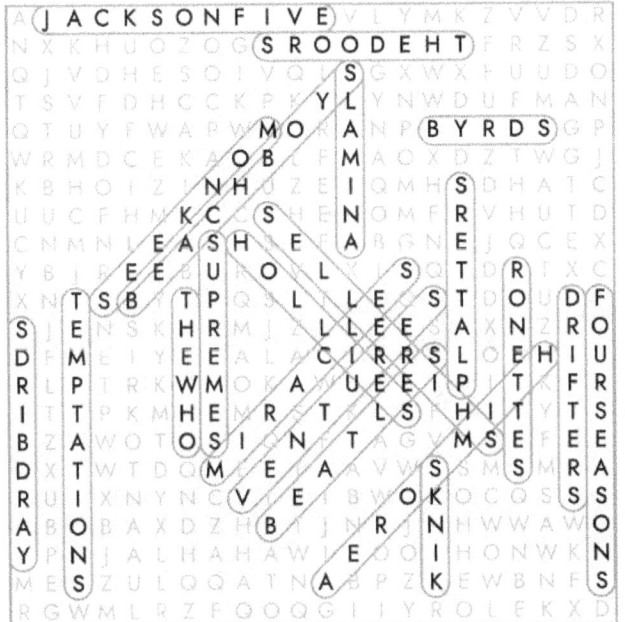

#8 - Retro Diners - Solution

#9 - Golden Age Slang - Solution

#10 - Historical Figures - Solution

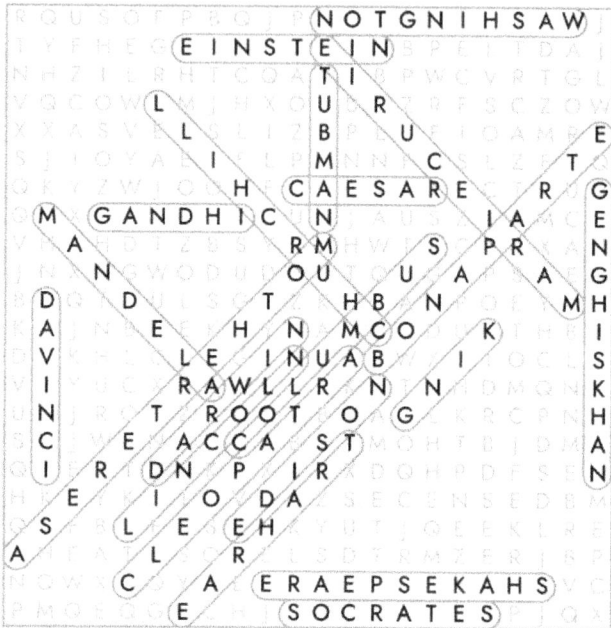

#11 - Types of Animals - Solution

#12 - Types of Plants - Solution

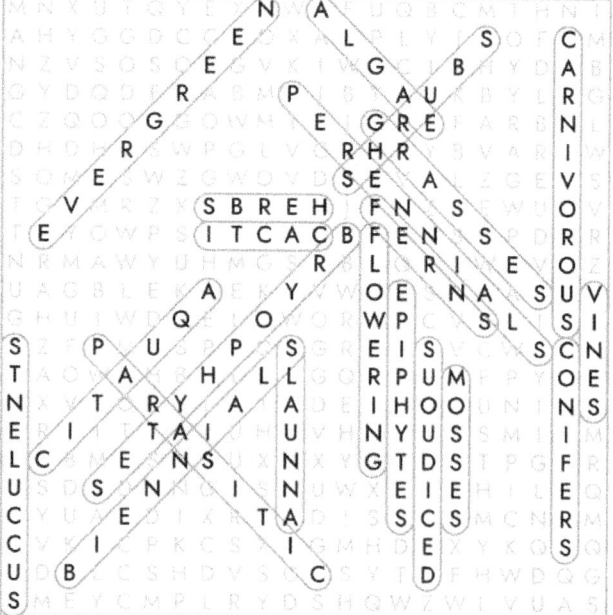

#13 - Types of Trees - Solution

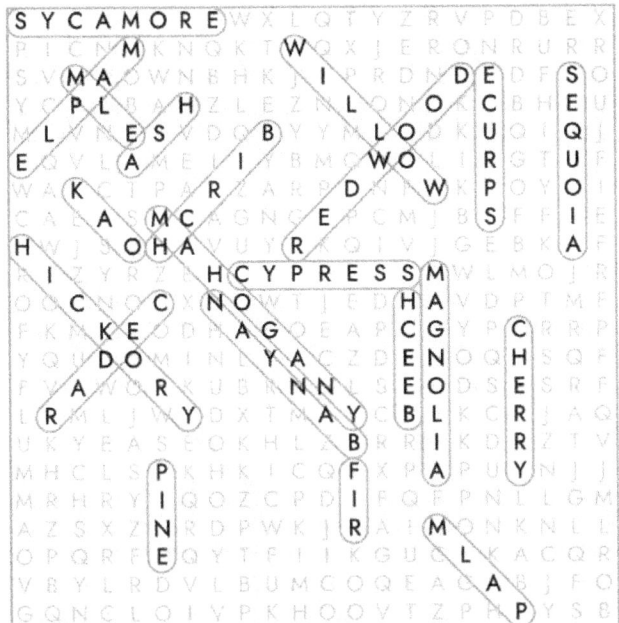

#14 - Natural Phenomenon - Solution

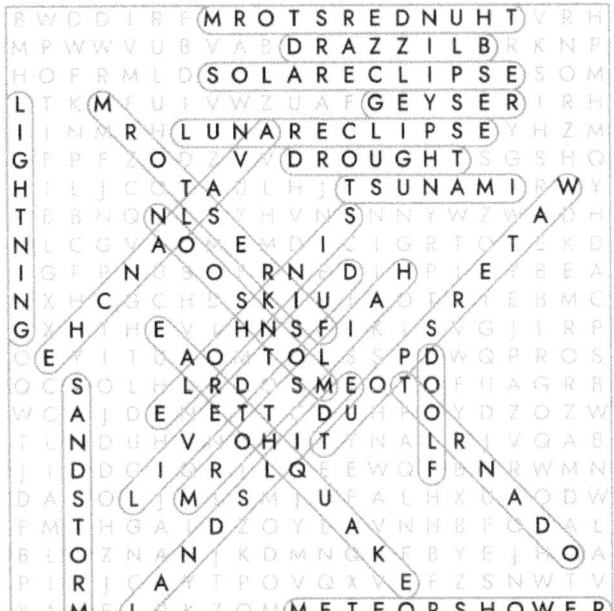

#15 - Camping - Solution

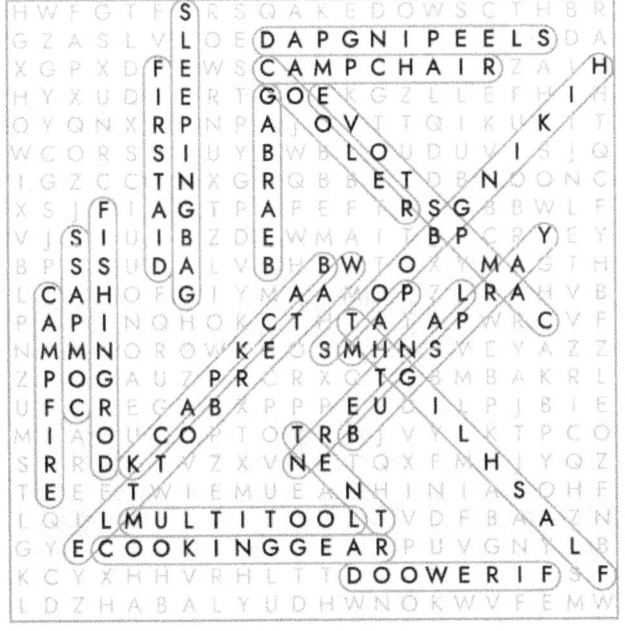

#8 - Nature Walks - Solution

#17 - Beautiful Sunsets - Solution

#18 - At The Beach - Solution

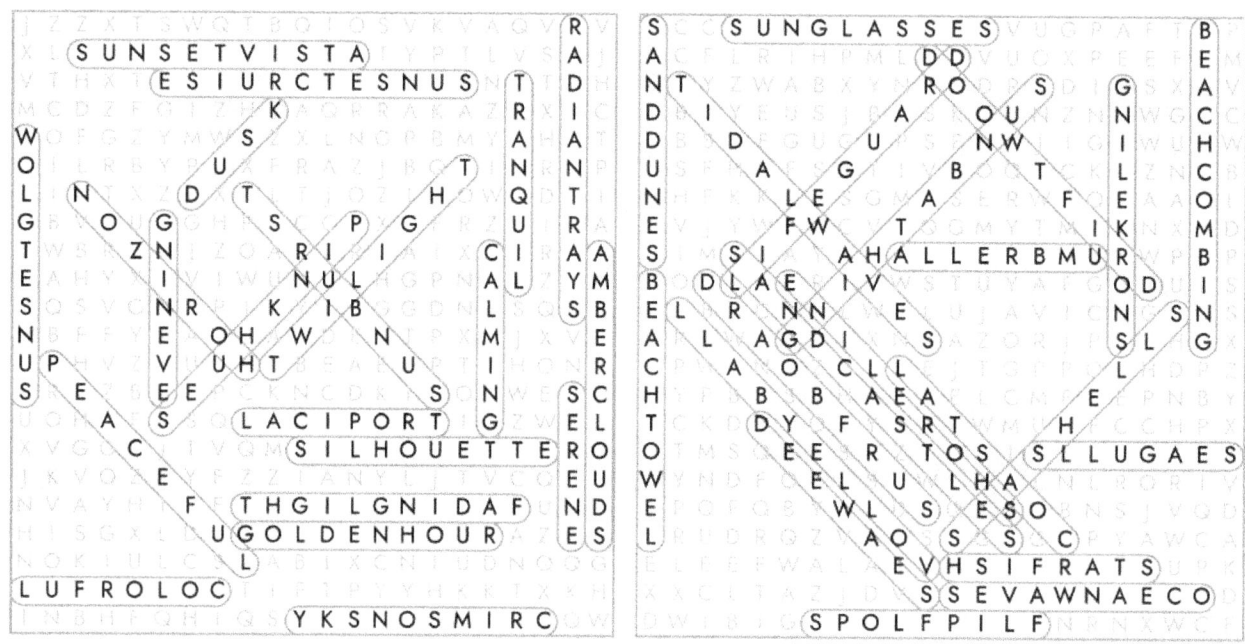

#19 - Types of Insects - Solution

#20 - Travel Destinations - Solution

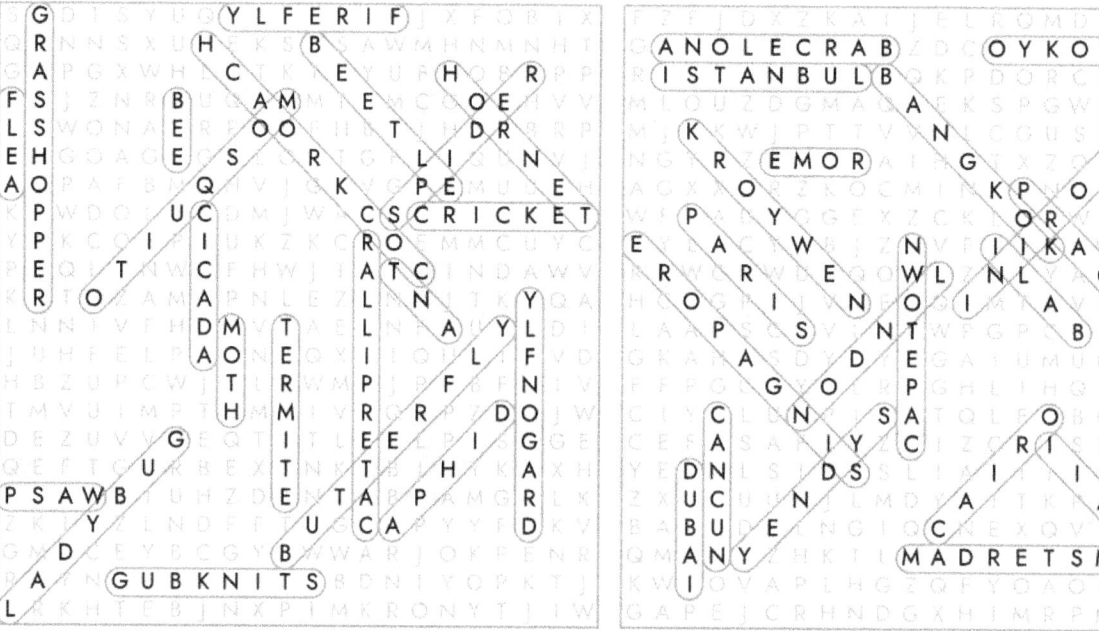

#21 - Famous Landmarks - Solution

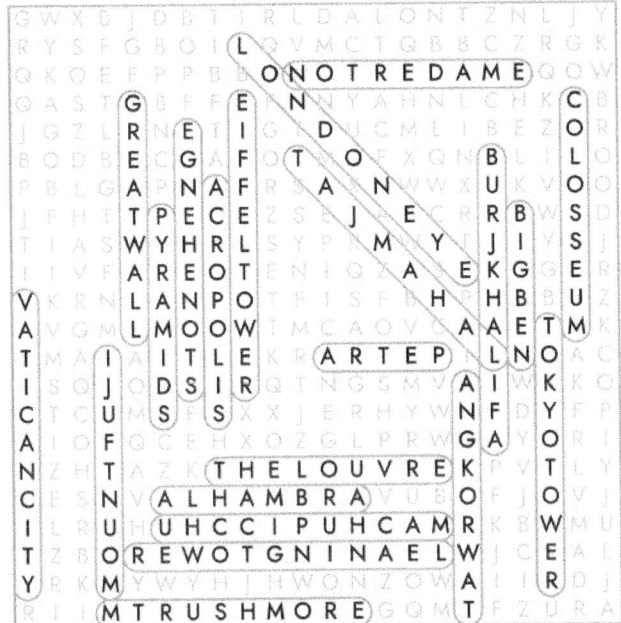

#22 - Famous Cities - Solution

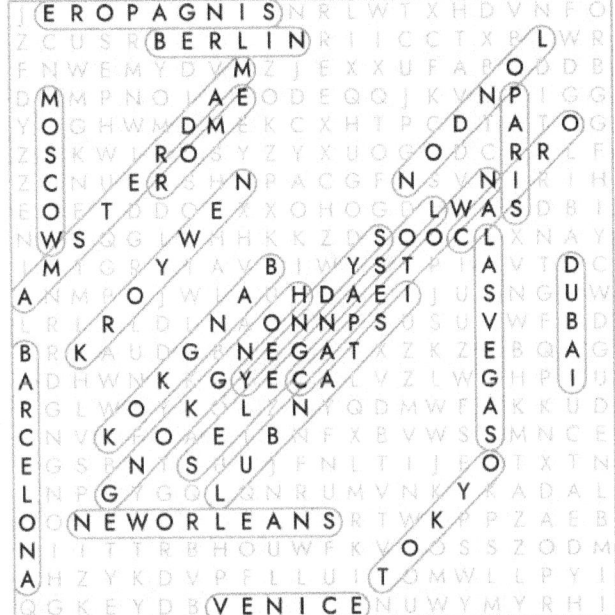

#23 - European Countries - Solution

#24 - African Countries - Solution

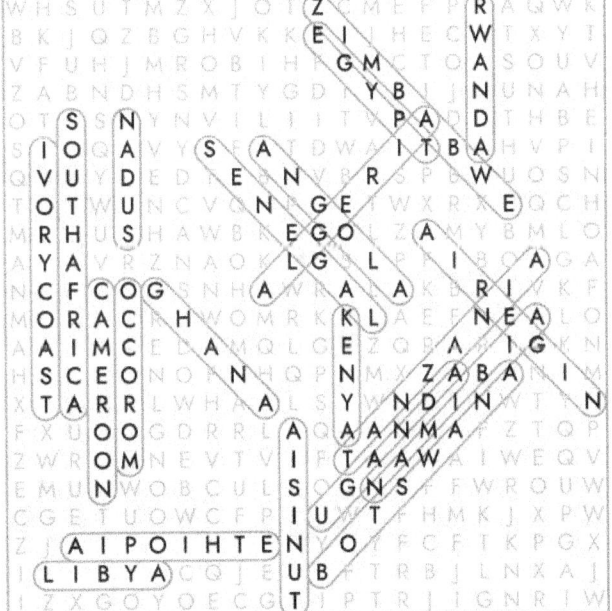

#25 - Asian Countries - Solution

#26 - Going on Vacation - Solution

#27 - Down Under (Australia) - Solution

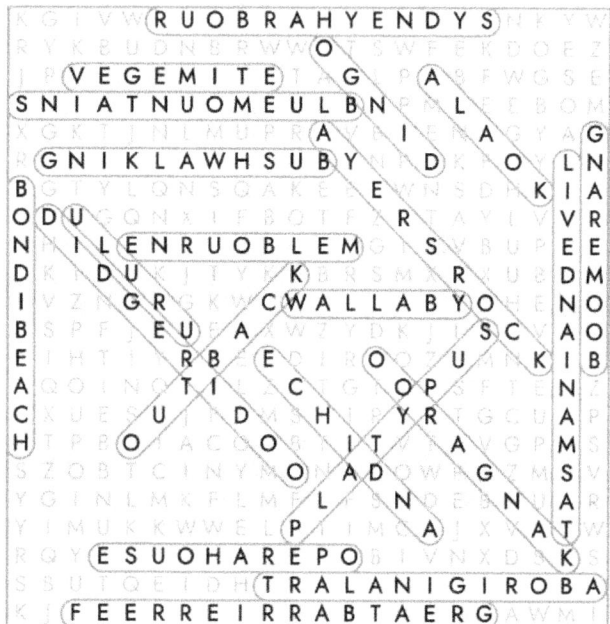

#28 - Islands - Solution

#29 - American States - Solution

#30 - Hobbies - Solution

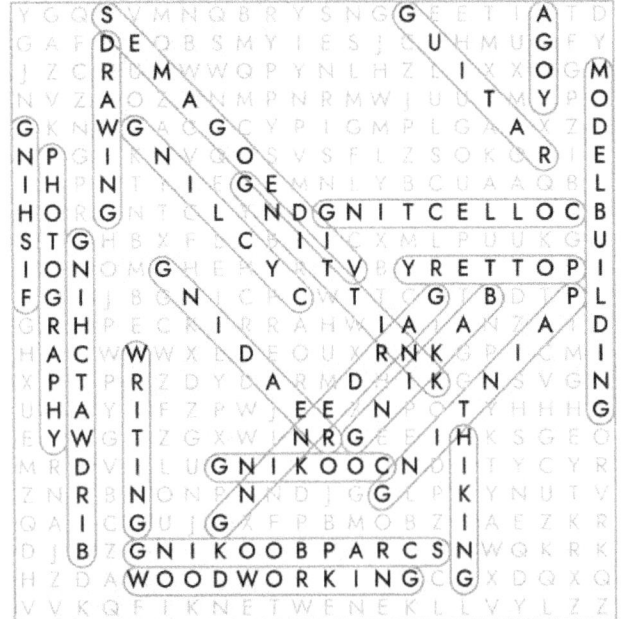

#31 - Culinary Delights - Solution

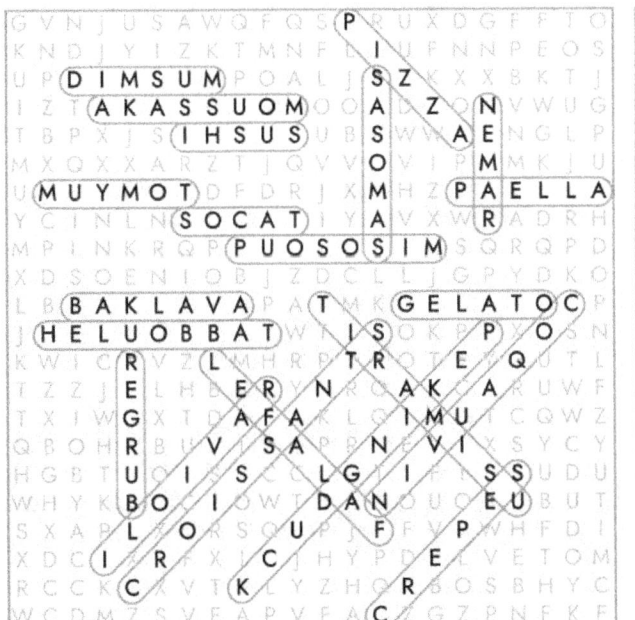

#32 - Popular Culinary Ingredients - Solution

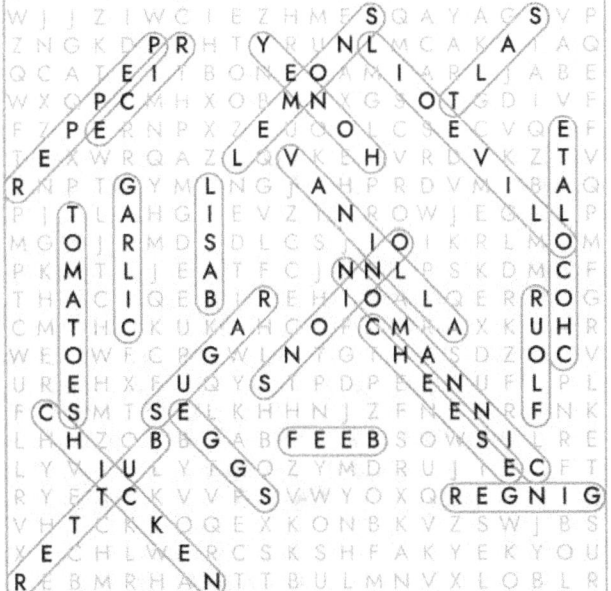

#33 - Culinary Terms - Solution

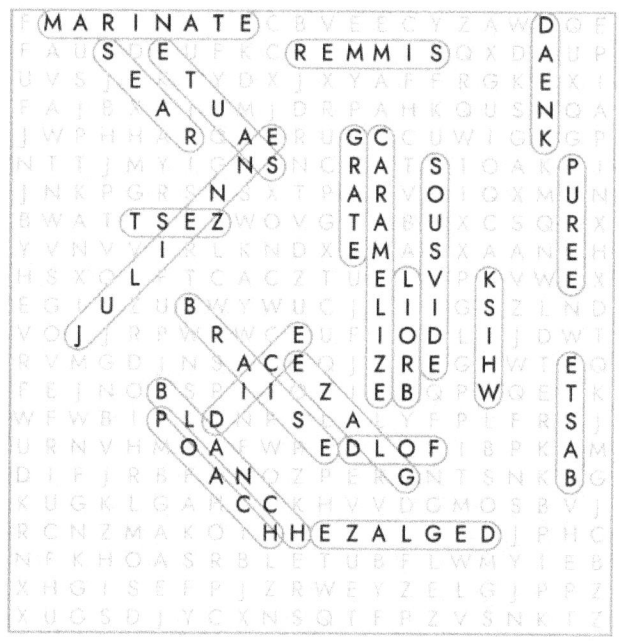

#34 - Cuisine from Around the World - Solution

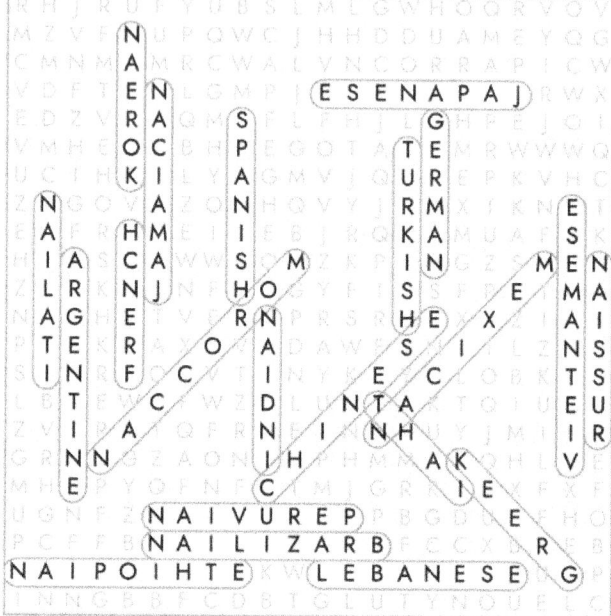

#35 - Popular Dishes - Solution

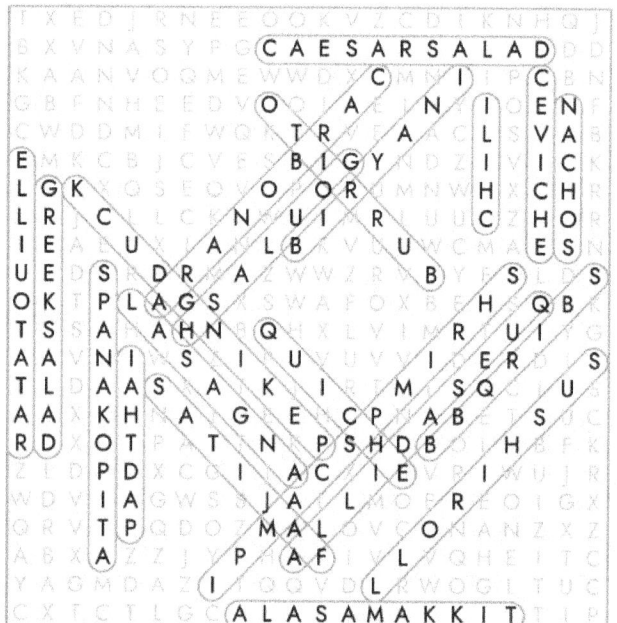

#36 - Drinks - Solution

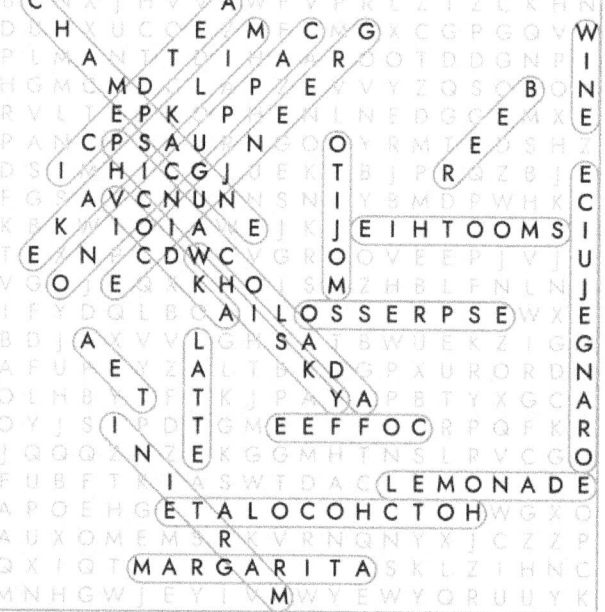

#37 - Warm Beverages - Solution

#38 - Popular Desserts - Solution

#39 - Ice Cream Flavors - Solution

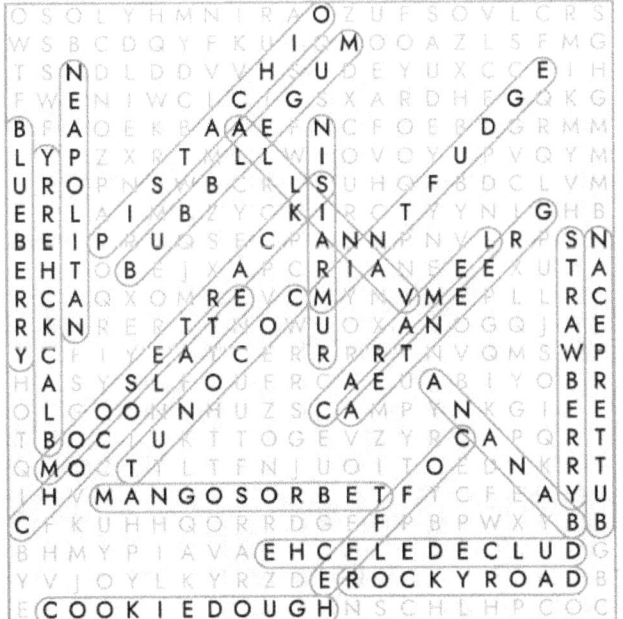

#40 - Pastries - Solution

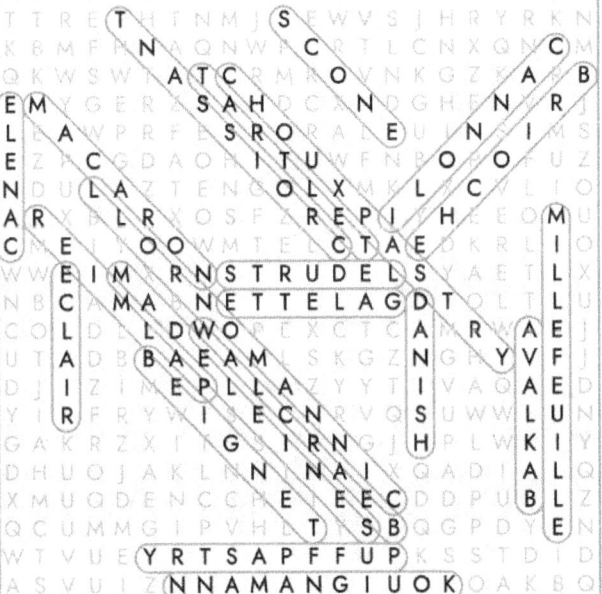

#41 - Famous Chefs - Solution

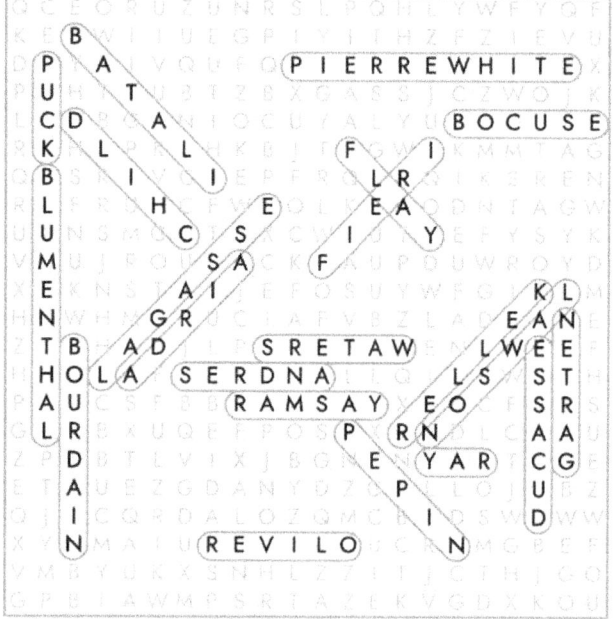

#42 - Classic Authors - Solution

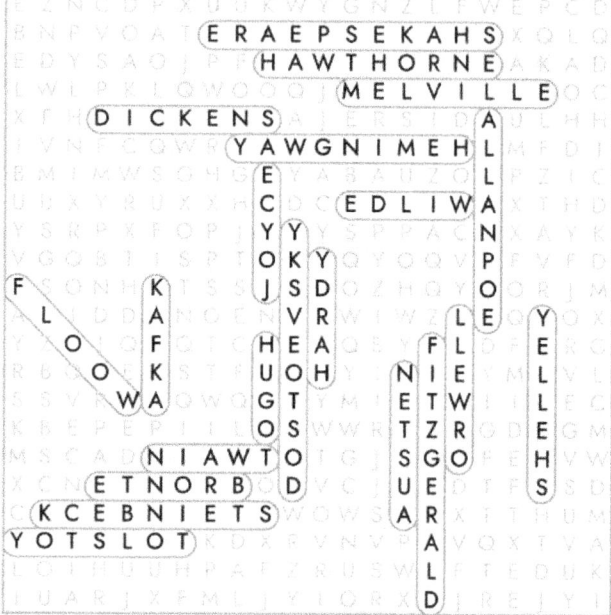

#43 - Literary Terms - Solution

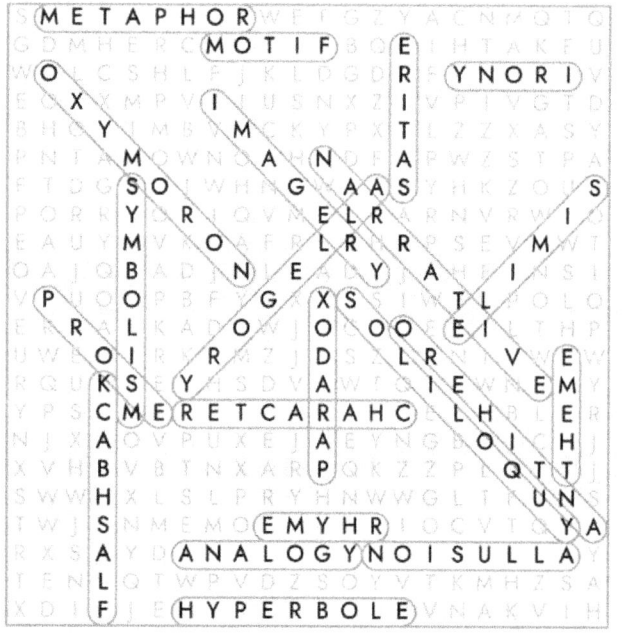

#44 - Vintage Fashion - Solution

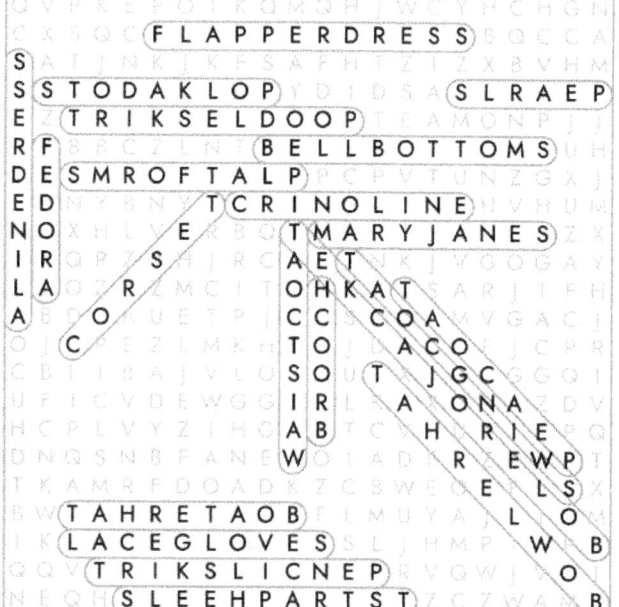

#45 - Vintage Clothing Styles - Solution

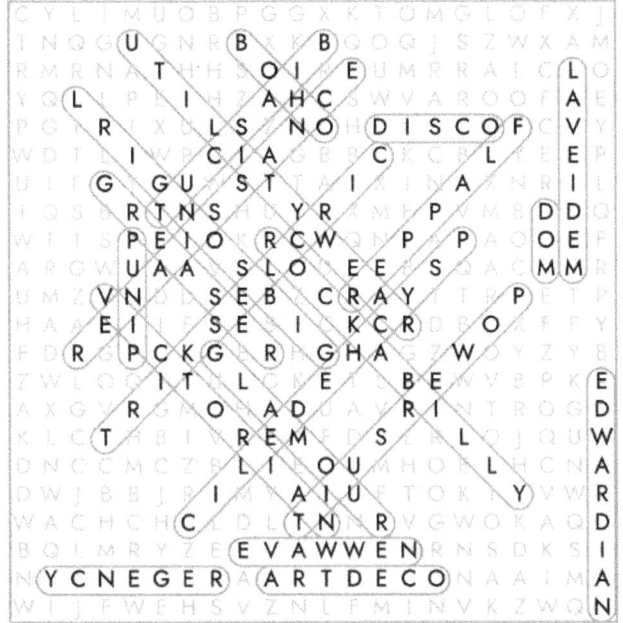

#46 - Vintage Accessories - Solution

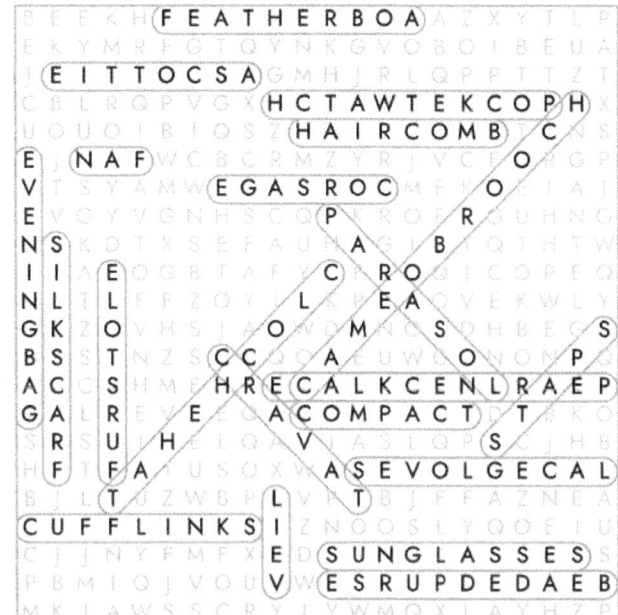

#47 - Vintage Designers - Solution

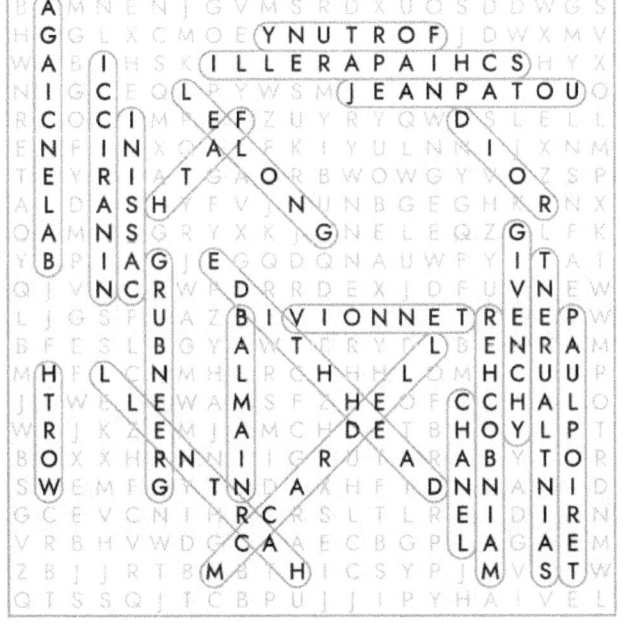

#48 - Vintage Hairstyles - Solution

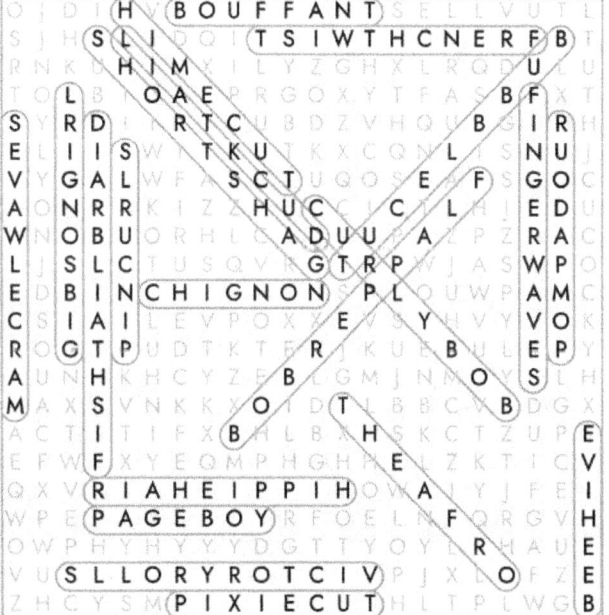

#49 - Famous Inventions - Solution

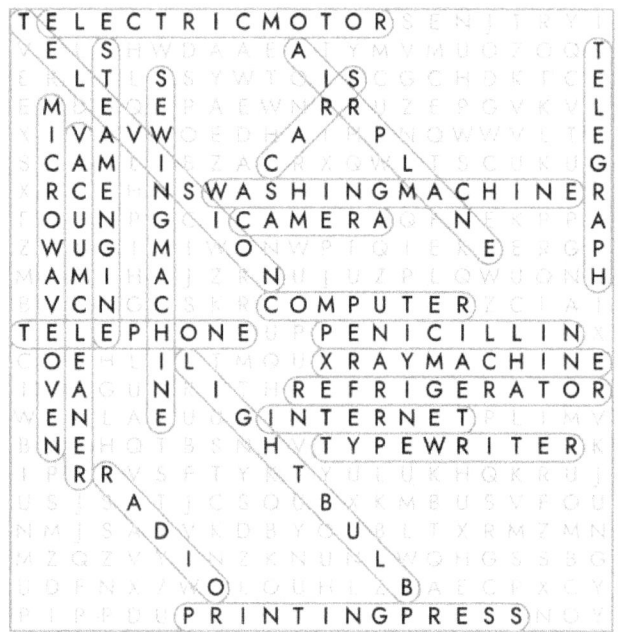

#50 - Famous Inventors - Solution

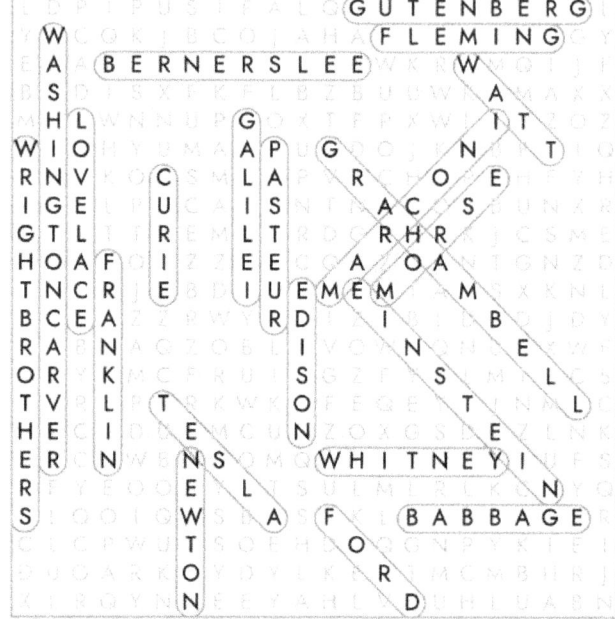

#51 - Famous Athletes - Solution

#52 - Sports Teams - Solution

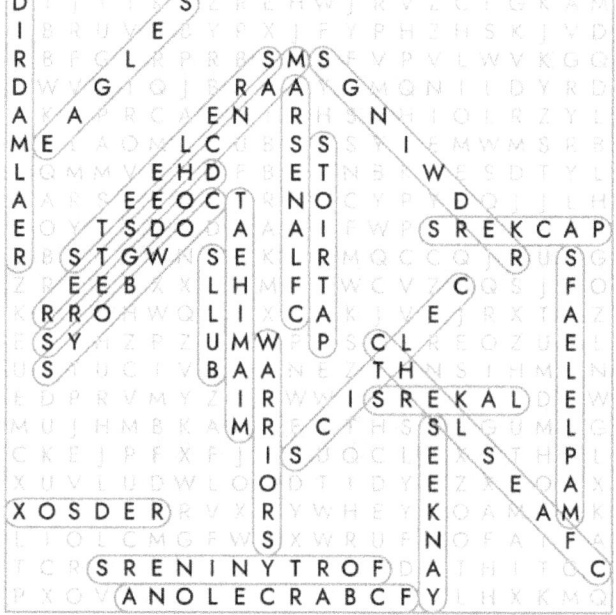

#53 - Sports Terms - Solution

#54 - Types of Sports - Solution

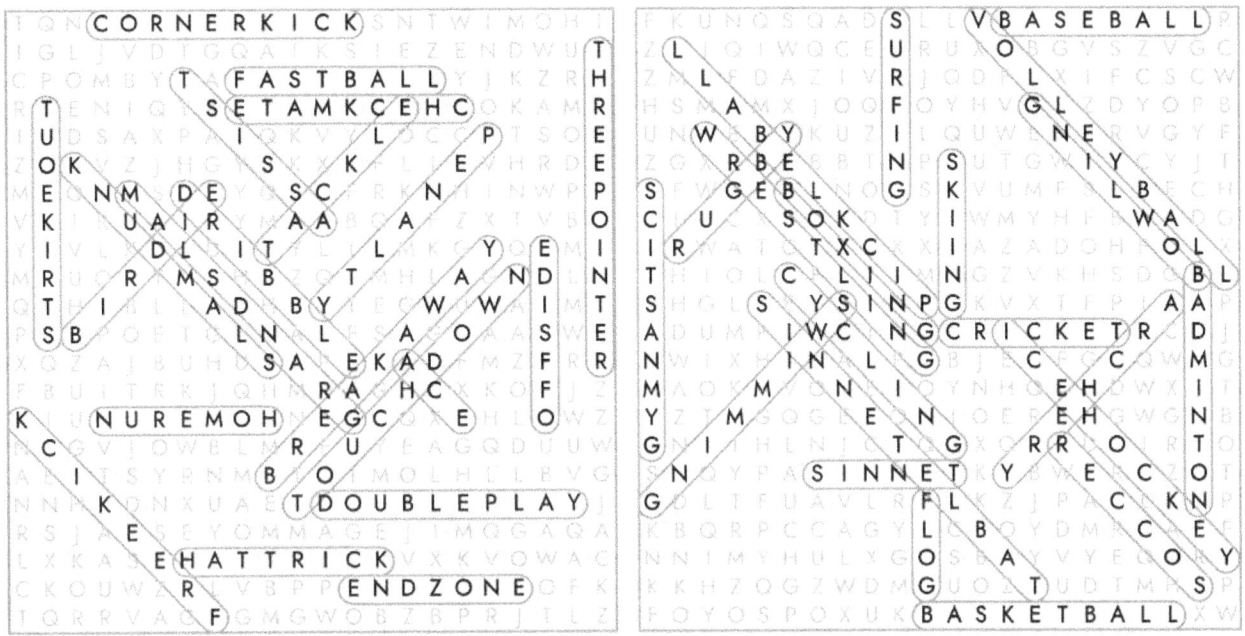

#55 - Renowned Artists - Solution

#56 - Art Movements - Solution

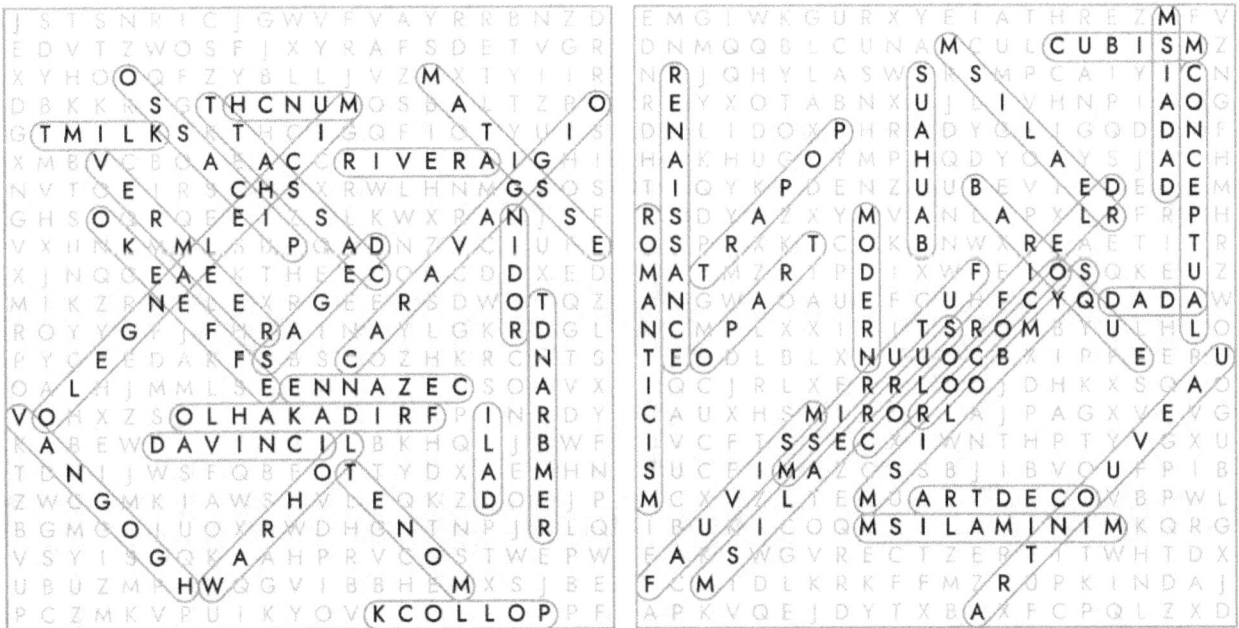

#57 - US Presidents - Solution

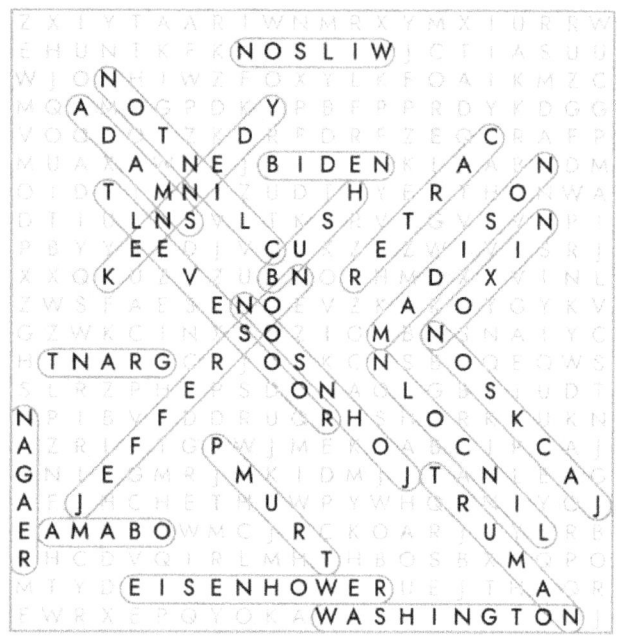

#58 - Political Terms - Solution

#59 - Winter - Solution

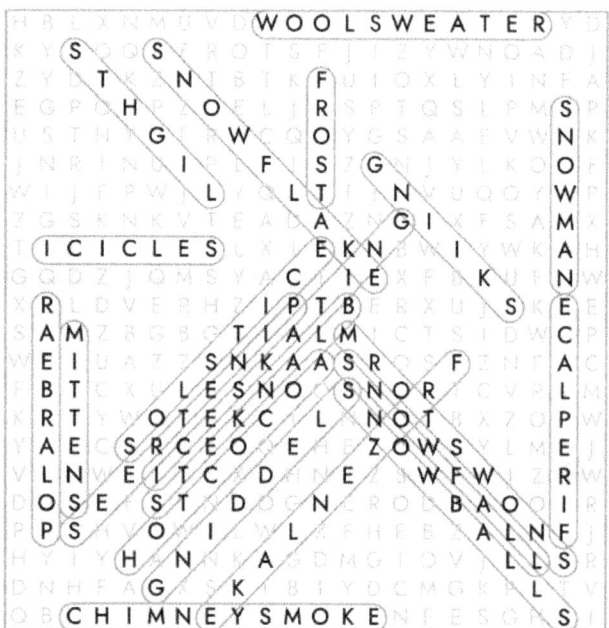

#60 - Spring - Solution

#61 - Summer - Solution

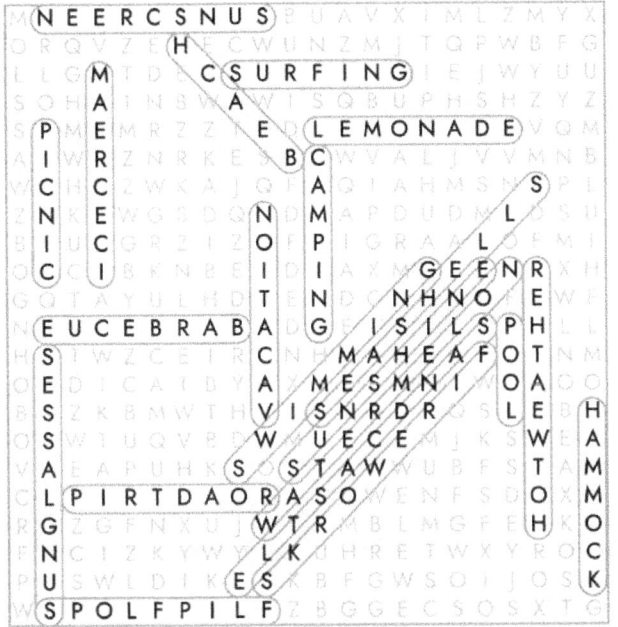

#62 - Fall - Solution

#63 - Halloween - Solution

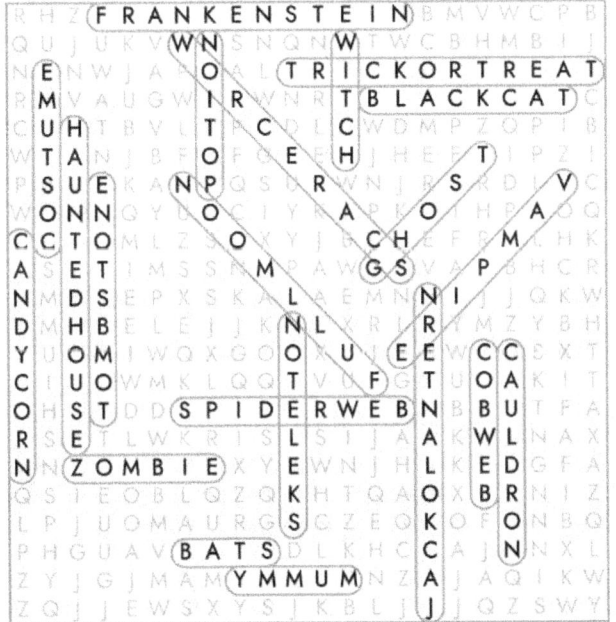

#64 - Fourth of July - Solution

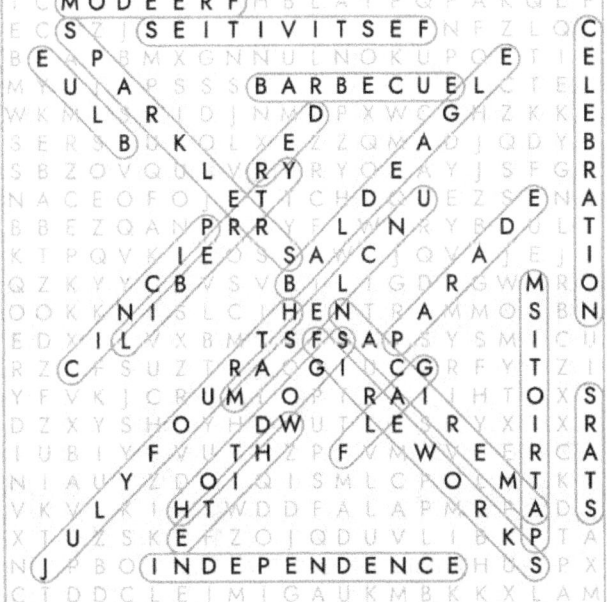

#65 - Christmas Day - Solution

#66 - Thanksgiving - Solution

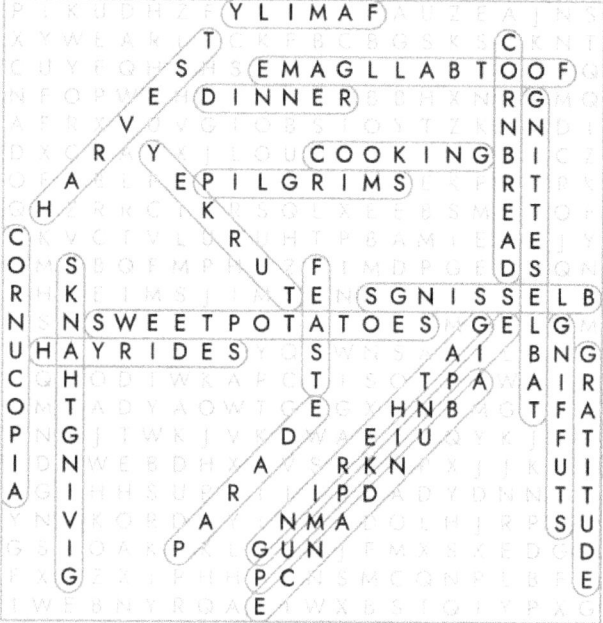

#67 - Easter - Solution

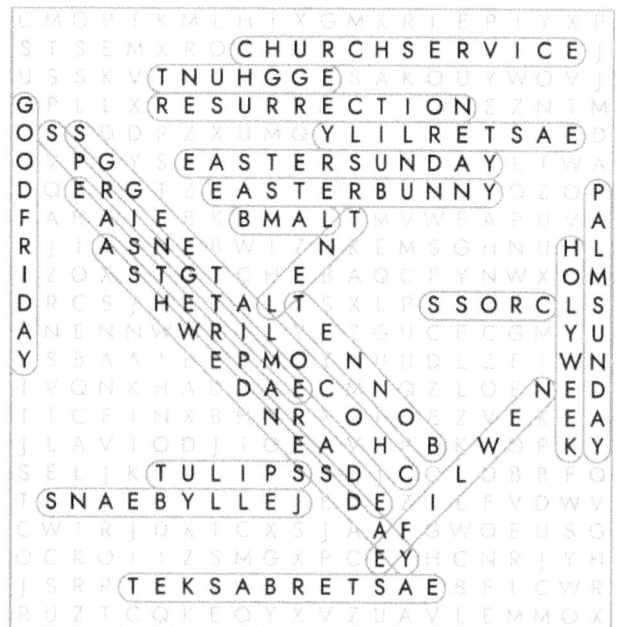

#68 - Valentine's Day - Solution

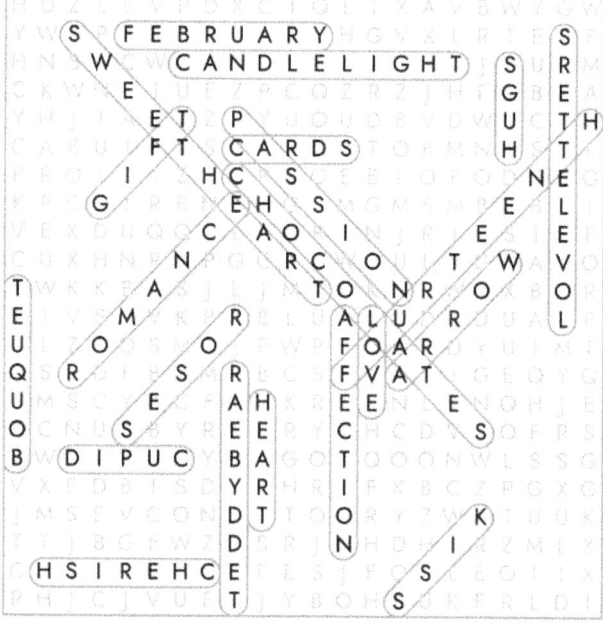

#69 - Cinco De Mayo - Solution

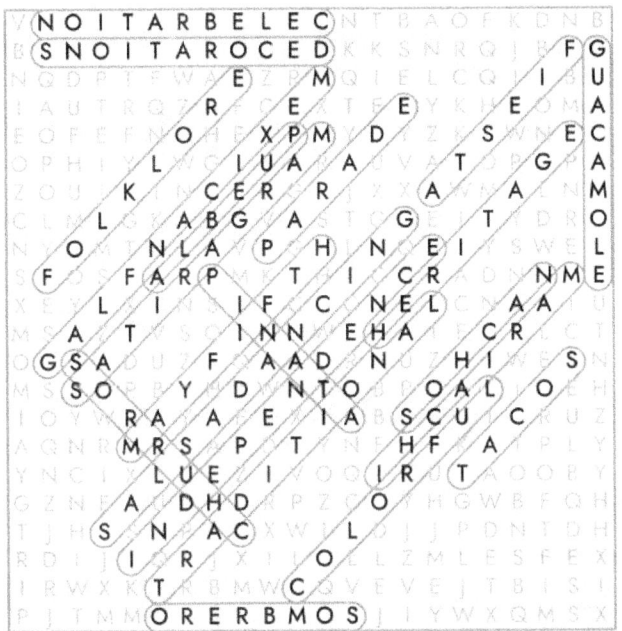

#70 - St. Patrick's Day - Solution

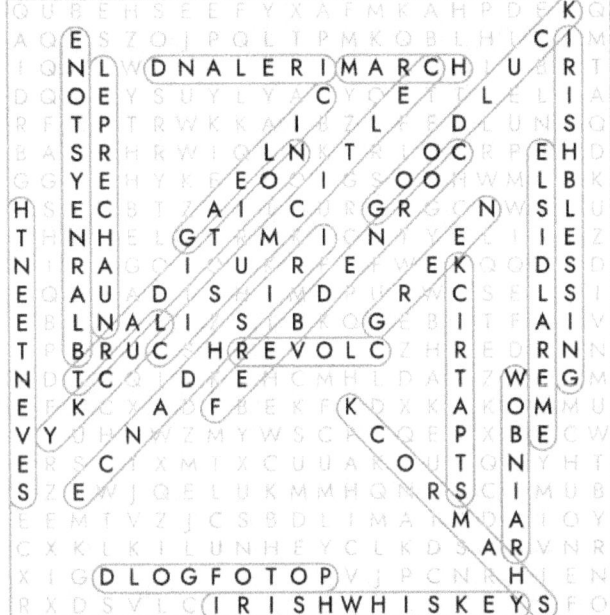

#71 - Memorial Day - Solution

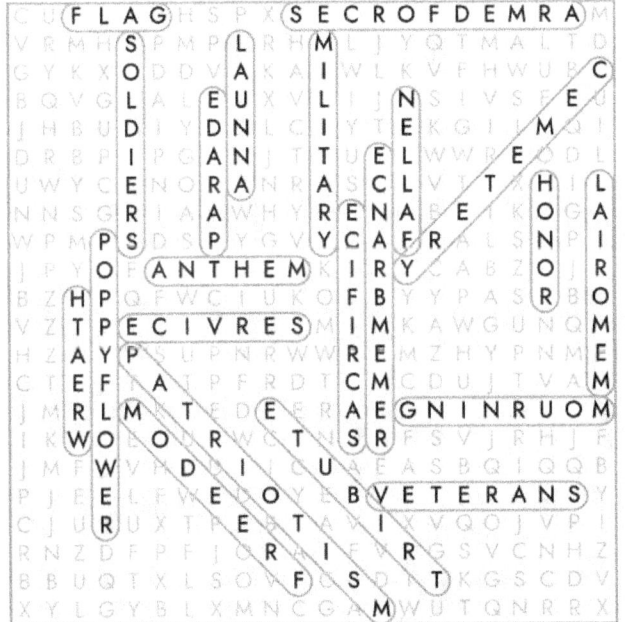

#72 - Words of Wisdom - Solution

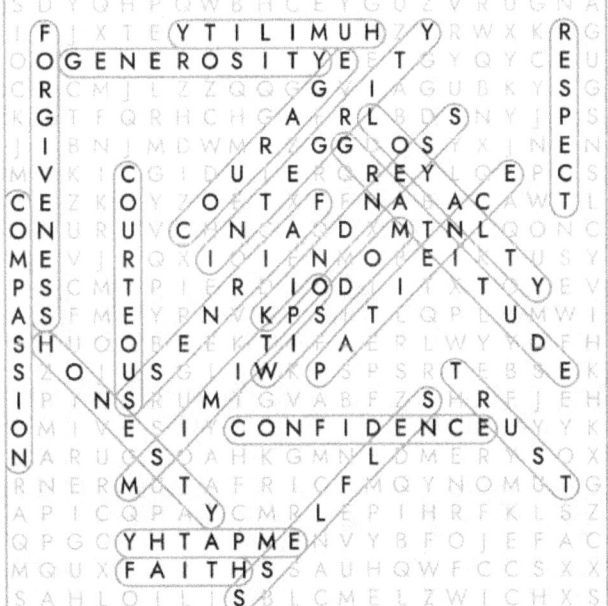

#73 - Affirmation Words - Solution

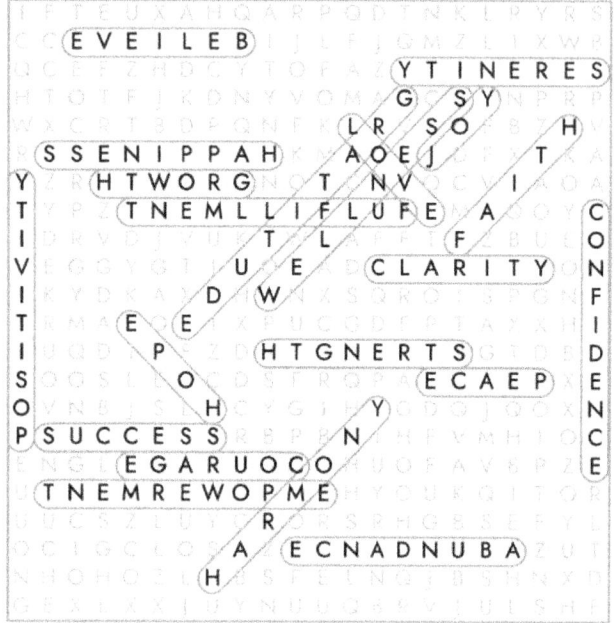

#74 - Good Personality Traits - Solution

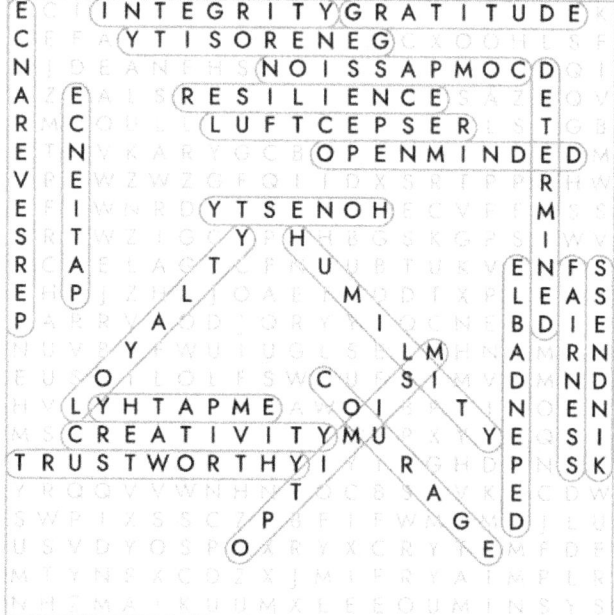

#75 - Types of Birds - Solution

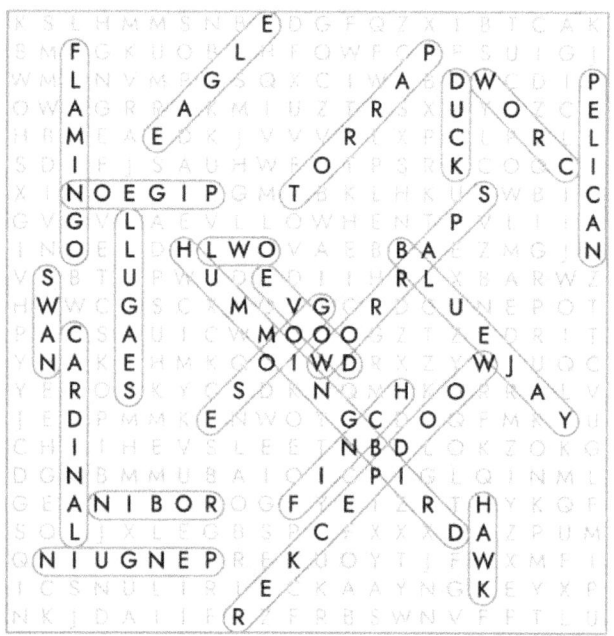

#76 - Birdwatching Terms - Solution

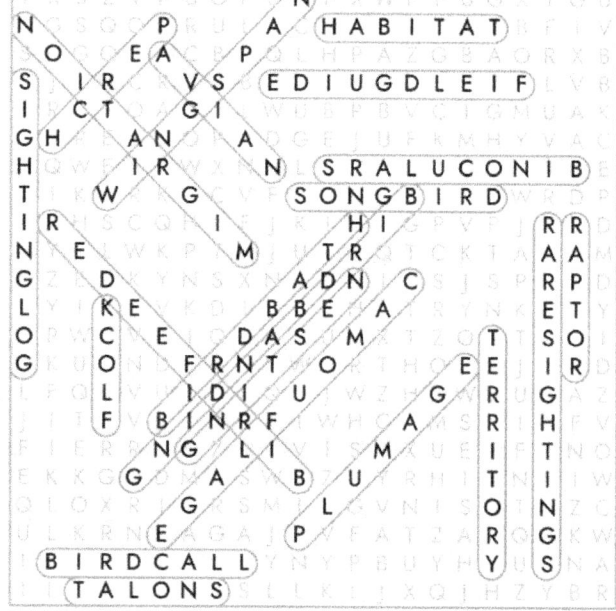

#77 - Fitness Terms - Solution

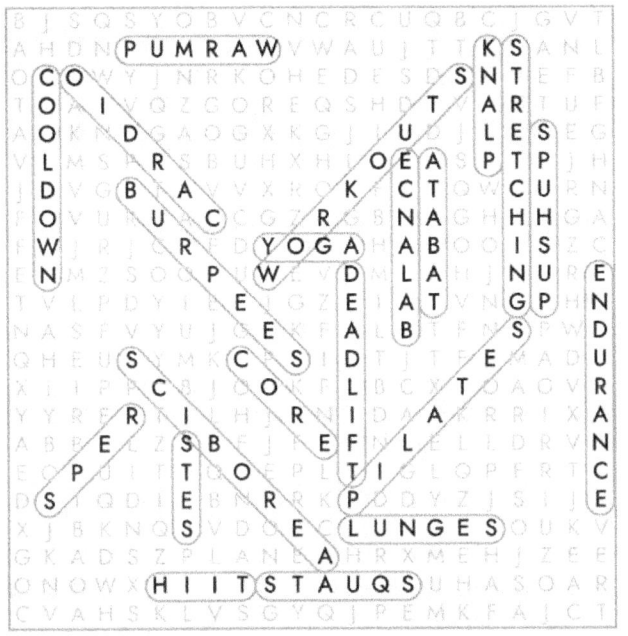

#78 - Nutrition - Solution

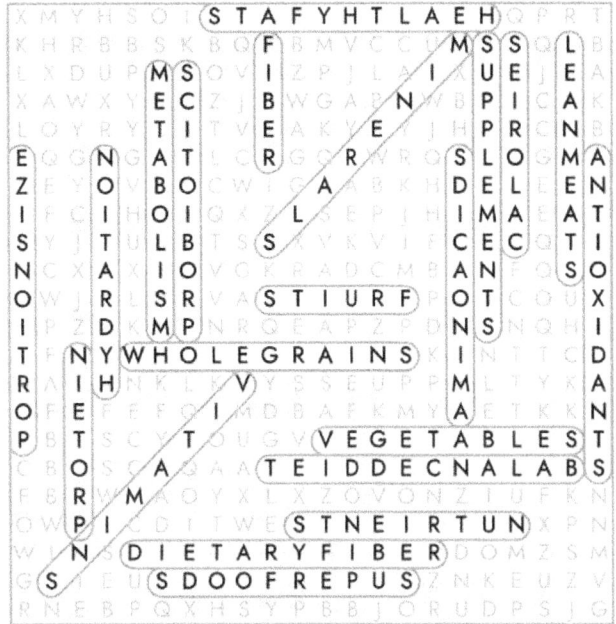

#79 - Mental Health - Solution

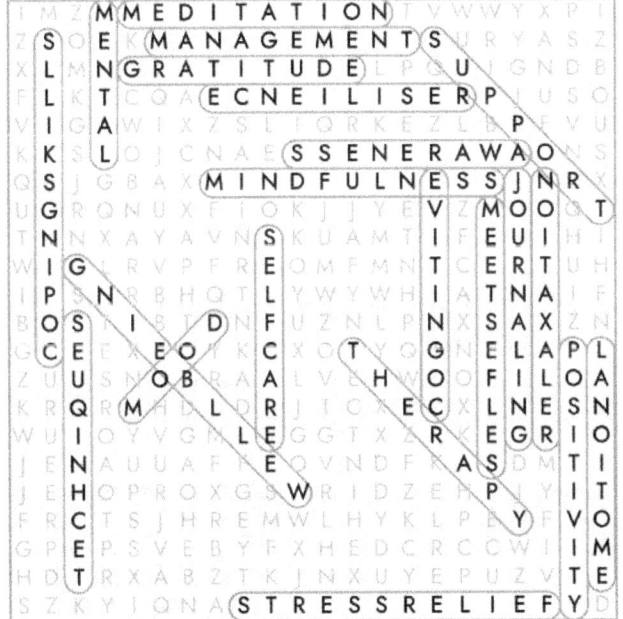

#80 - Healthy Living - Solution

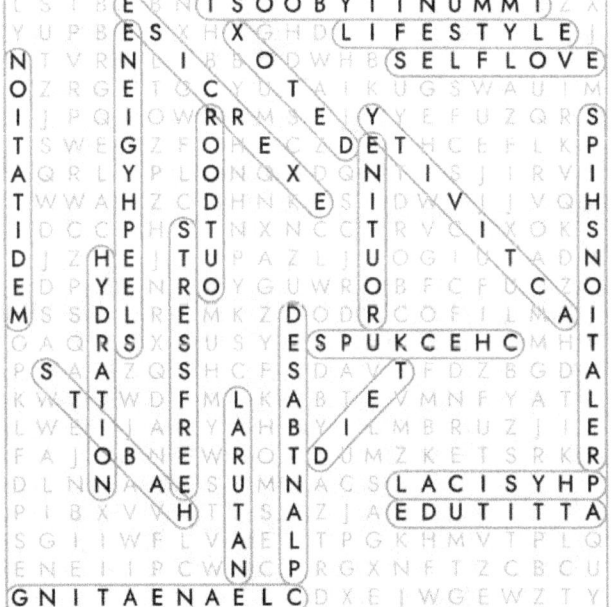

#81 - Mindfulness - Solution

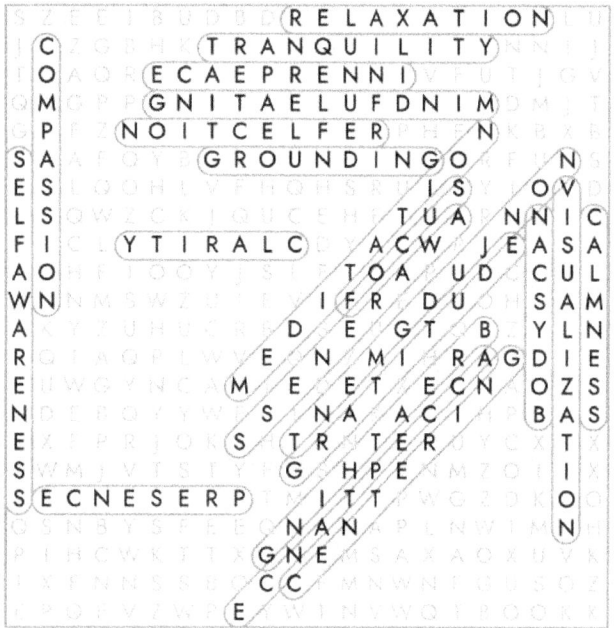

#82 - Car Parts - Solution

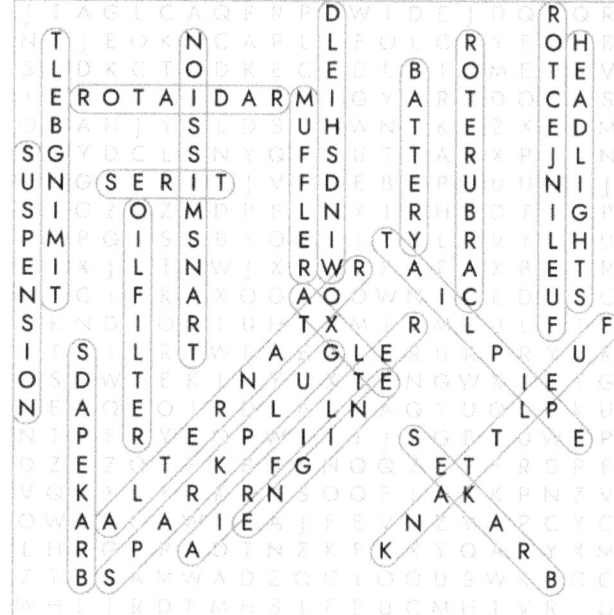

#83 - Car Related Terms - Solution

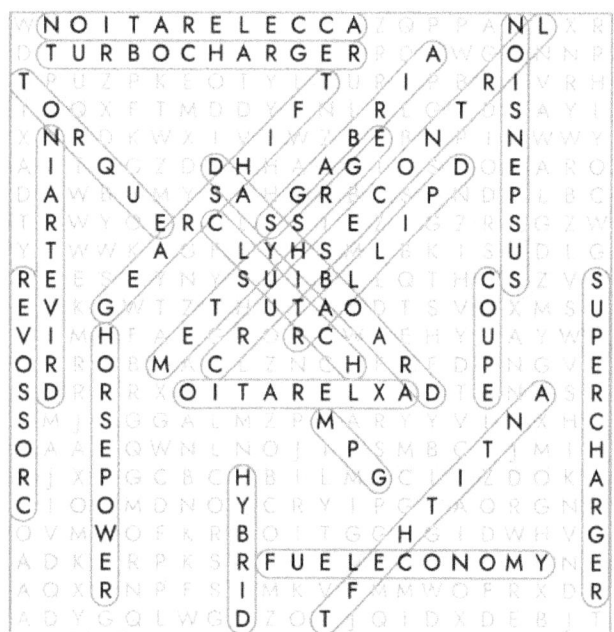

#84 - Automobile Manufacturers - Solution

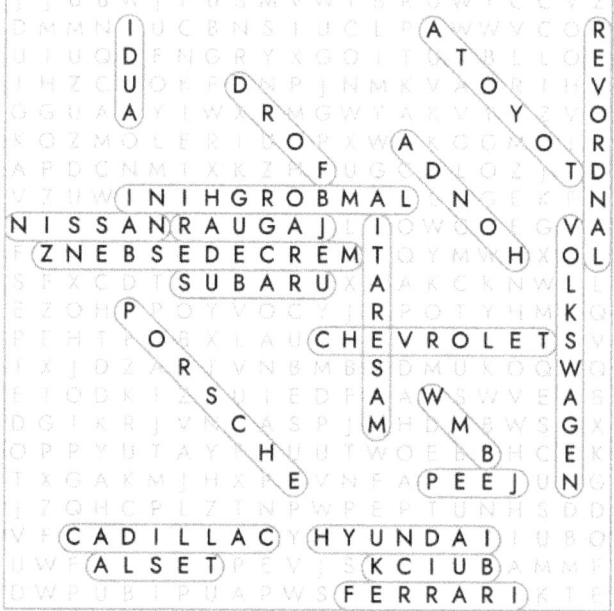

#85 - Types of Flowers - Solution

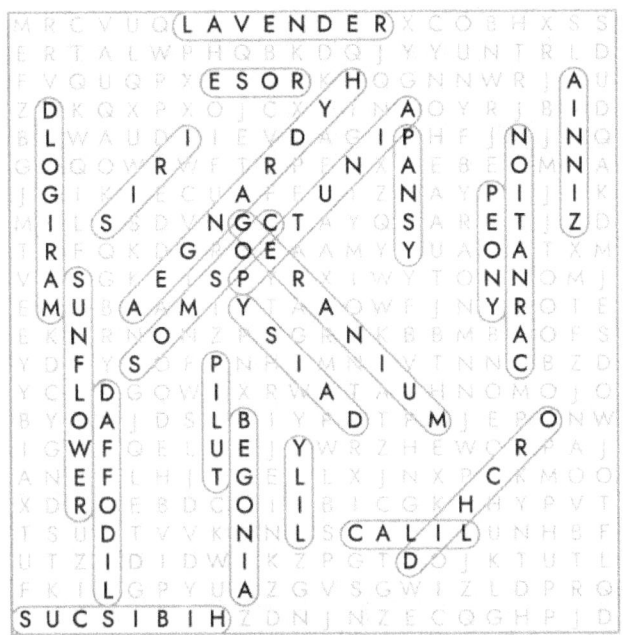

#86 - Gardening Tools - Solution

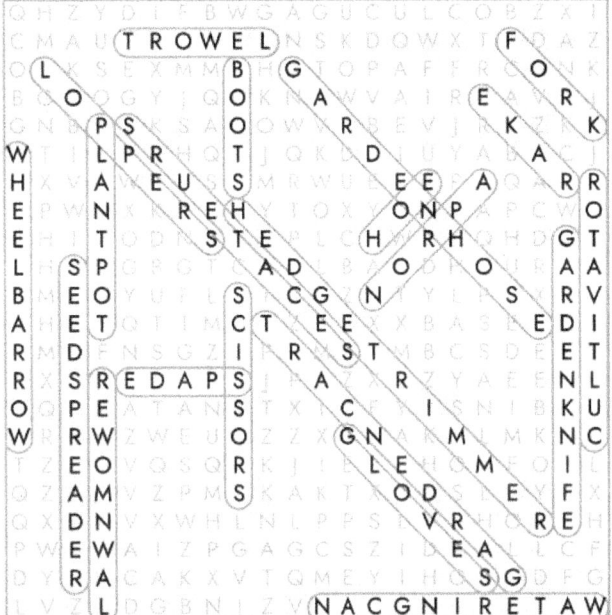

#87 - Garden Décor - Solution

#88 - Houseplants - Solution

#89 - Famous Detectives - Solution

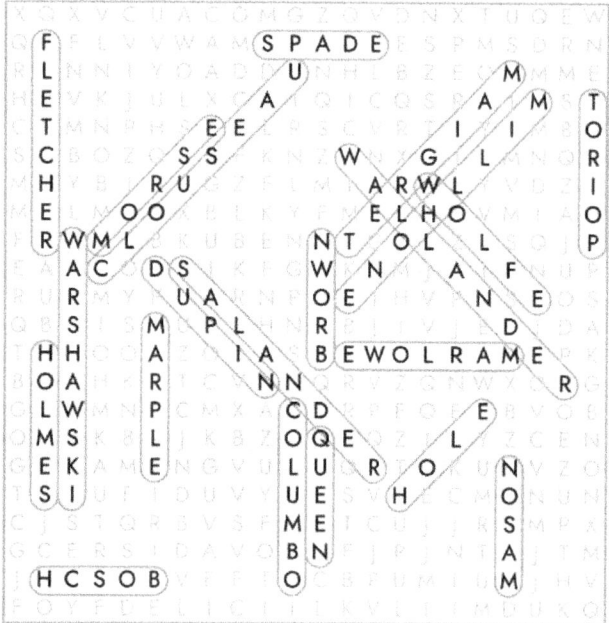

#90 - Crime Solving Terms - Solution

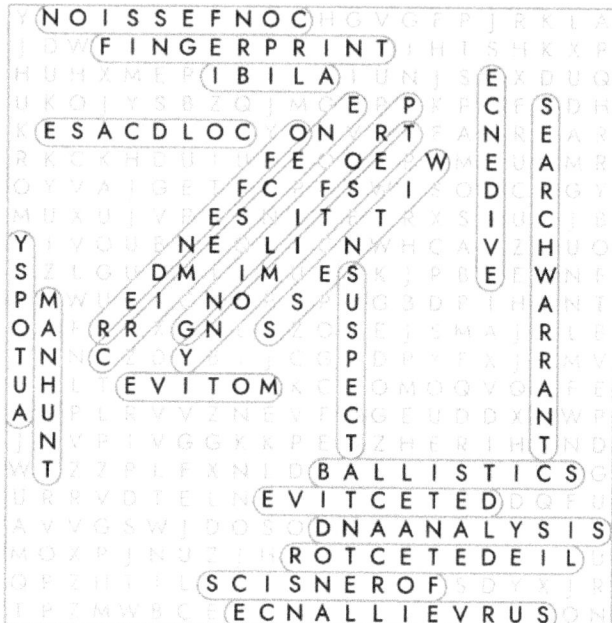

#91 - Forensic Science - Solution

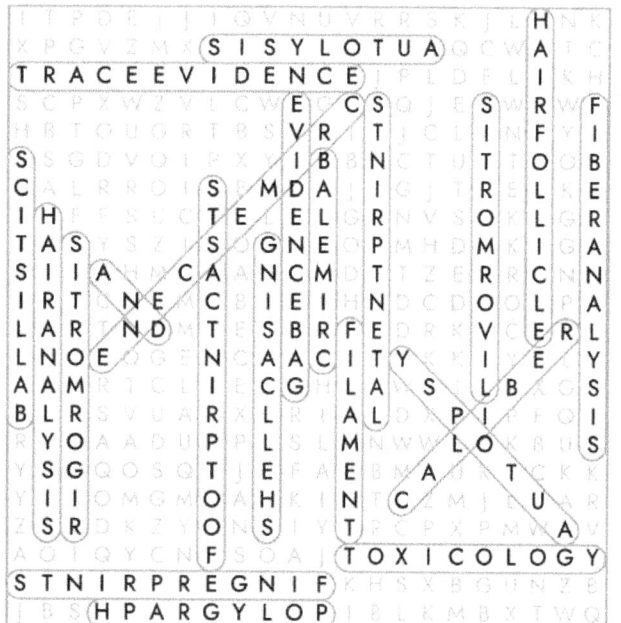

#92 - Around The House - Solution

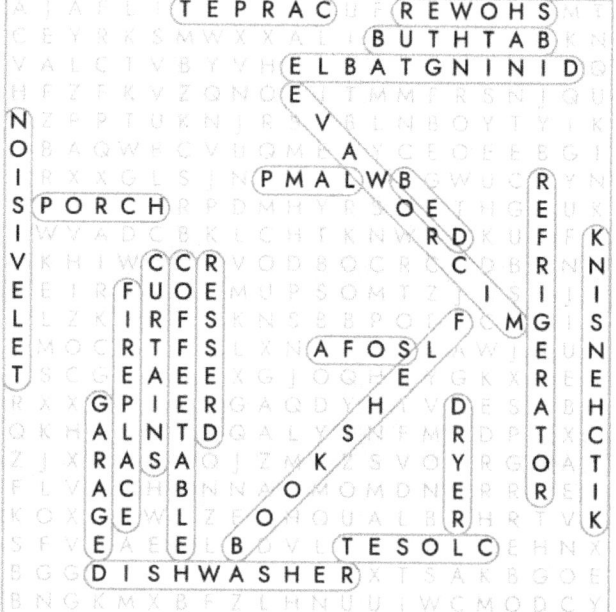

#93 - Photography - Solution

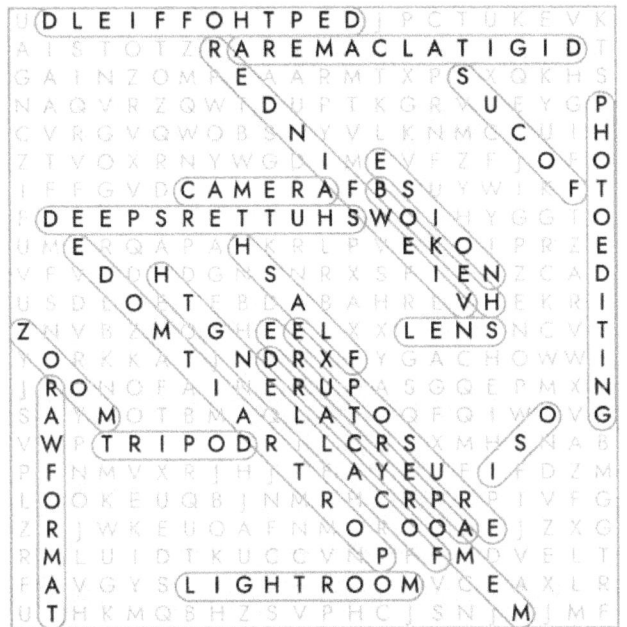

#94 - Musical Instruments - Solution

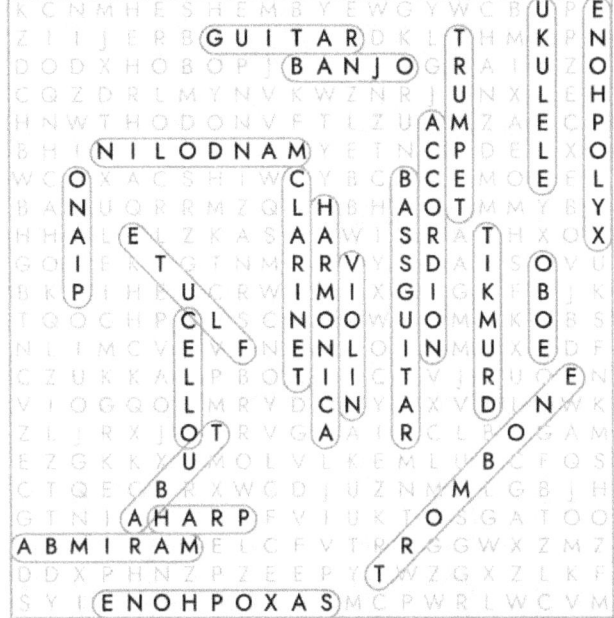

#95 - Descriptive Words - Solution

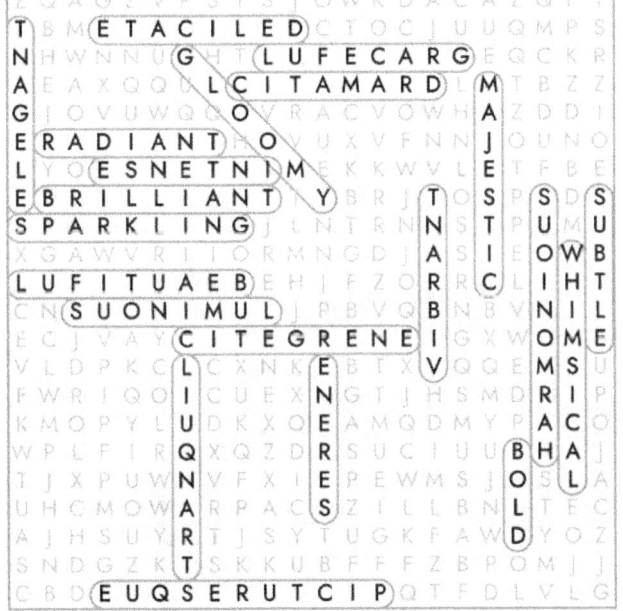

#96 - Astronomy - Solution

#97 - Breakfast Dishes - Solution

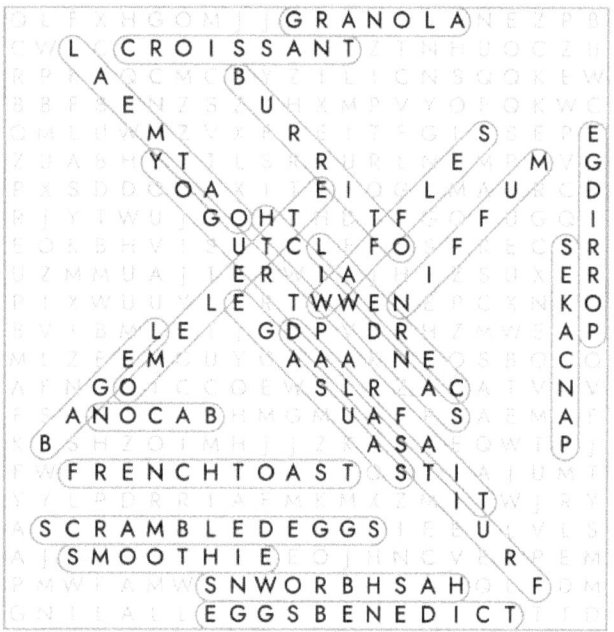

#98 - Occupations - Solution

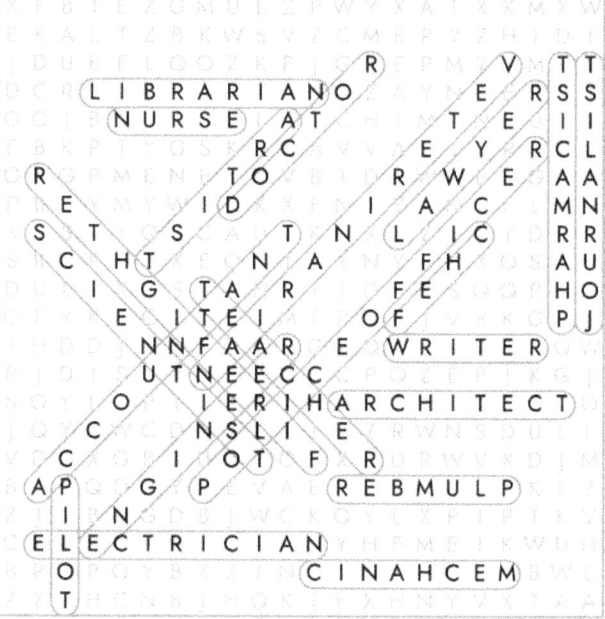

#99 - Shopping - Solution

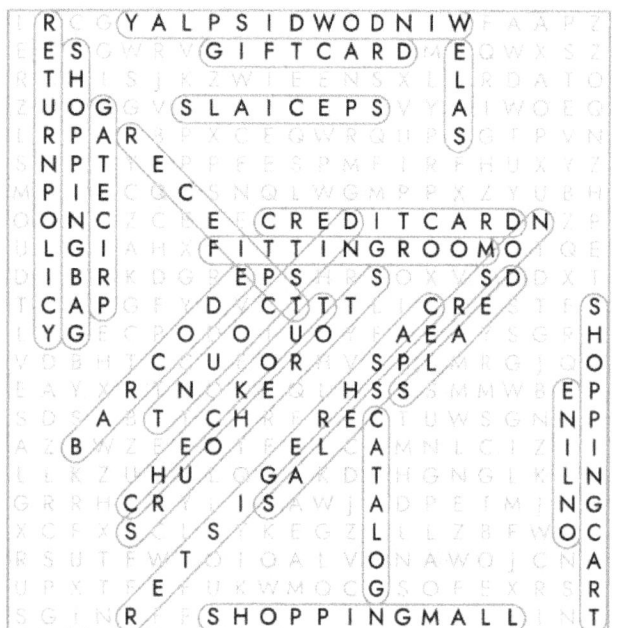

#100 - Social Media - Solution

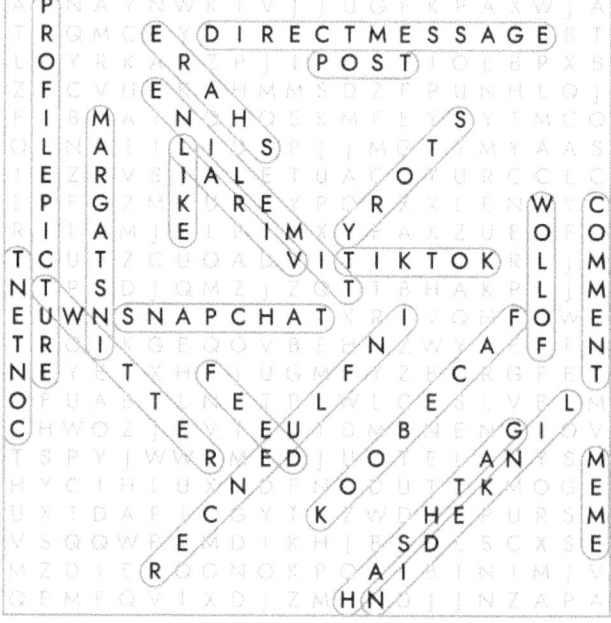

GLOSSARY

Allegory
A symbolic narrative in which characters and events represent abstract ideas, often conveying a moral or lesson.

Allusion
An indirect reference to a person, event, or thing, often from literature, history, or culture, meant to evoke a broader meaning.

Annelids
Segmented worms, such as earthworms and leeches, known for their ring-like segments and important ecological roles.

Aperture
An opening or hole, particularly in a camera lens, through which light enters to expose the film or sensor.

Arachnids
A class of joint-legged invertebrates including spiders, scorpions, and ticks, known for having eight legs.

Baklava
A rich, sweet pastry made of layers of filo dough filled with chopped nuts and sweetened with syrup or honey.

Bauhaus
An influential German design school that combined crafts and fine arts, emphasizing functionality and modernism.

Bear Claw
A type of pastry shaped like a bear's claw, typically filled with almond paste and sometimes topped with icing or nuts.

Beignet
A square-shaped, deep-fried pastry from New Orleans, often dusted with powdered sugar.

Biryani
A spiced rice dish from South Asia, typically made with fragrant basmati rice, meat, and a blend of spices.

Blanch
A cooking process in which food is briefly boiled and then immediately plunged into ice water to stop the cooking.

Bokeh
The aesthetic quality of the out-of-focus areas of an image, especially as rendered by a particular lens.

Bouffant

A hairstyle characterized by hair raised high on the head and hanging down on the sides.

Bovines

A subfamily of large, hoofed mammals including cattle, bison, and buffalo, often domesticated for meat and milk.

Braise

A cooking method where food is first seared at a high temperature and then slowly cooked in liquid at a lower temperature.

Brioche

A soft, sweet bread of French origin, made with a high butter and egg content, giving it a rich texture.

Bryophytes

Non-vascular plants, such as mosses, that do not have flowers or seeds and reproduce via spores.

Canelé

A small French pastry flavored with rum and vanilla, with a soft and tender custard center and a dark, thick caramelized crust.

Cetaceans

A group of marine mammals that includes whales, dolphins, and porpoises, known for their intelligence and aquatic adaptations.

Ceviche

A dish made from fresh raw fish marinated in citrus juices, often mixed with onions, cilantro, and chili peppers.

Chignon

A classic hairstyle in which the hair is twisted into a knot or coil and secured at the nape of the neck.

Choux Pastry

A light pastry dough used to make éclairs, cream puffs, and profiteroles, known for its airy texture.

Coq au Vin

A French dish of chicken cooked in red wine with mushrooms, onions, and bacon, traditionally from Burgundy.

Cravat

A neckband, the forerunner of the modern tie, worn in various styles, especially in the 17th century.

Crinoline

A stiffened or structured petticoat designed to hold out a woman's skirt, popular in the mid-19th century.

Crustaceans

A large group of arthropods, including crabs, lobsters, and shrimp, typically living in water with a hard exoskeleton.

Dadaism

An avant-garde art movement of the early 20th century characterized by its absurdity, anti-bourgeois stance, and rejection of traditional aesthetics.

Didgeridoo

A traditional wind instrument of the Australian Aboriginal people, made from a hollowed-out tree trunk.

Dim Sum

A style of Chinese cuisine prepared as small bite-sized portions of food, typically served in small steamer baskets or on small plates.

Dracaena

A genus of tropical plants with long, sword-shaped leaves, commonly grown as houseplants.

Echidna

A spiny, egg-laying mammal native to Australia and New Guinea, one of the only surviving monotremes.

Epiphytes

Plants that grow on other plants for physical support but are not parasitic, often found in tropical rainforests.

Falafel

A deep-fried ball or patty made from ground chickpeas or fava beans, commonly served in Middle Eastern cuisine.

Fauvism

An early 20th-century art movement led by Henri Matisse, characterized by bold, vibrant colors and simplified forms.

Filibuster

A parliamentary tactic used to delay or block legislative action, often by extended speechmaking.

Fuddy-Duddy

A term for someone who is old-fashioned, conservative, or overly cautious, often disapproving of modern trends.

Gaelic

The Celtic language traditionally spoken in Ireland, Scotland, and the Isle of Man.

Galette

A type of flat, round cake or tart, often made with puff pastry and filled with fruit or savory ingredients.

Goulash

A Hungarian stew made with meat, usually beef, onions, and paprika, often served with noodles or potatoes.

Hot Toddy

A warm alcoholic beverage typically made with whiskey, honey, lemon, and spices, often consumed in cold weather.

Hyperbole

A figure of speech that involves exaggerated statements or claims not meant to be taken literally.

Jalopy

An old, decrepit, or run-down car, often with visible signs of wear and tear.

Julienne

A culinary knife technique for cutting vegetables into thin, matchstick-like strips.

Kouign-Amann

A Breton cake made from laminated dough, similar to puff pastry, with layers of butter and sugar.

Livor Mortis

The pooling of blood in the lower parts of the body after death, causing a purplish-red discoloration of the skin.

Macarons

A sweet meringue-based confection made with egg whites, sugar, almond meal, and food coloring, often filled with ganache or buttercream.

Madeleines

Small, shell-shaped sponge cakes originating from France, often flavored with lemon or almonds.

Marimba

A percussion instrument with wooden bars struck with mallets, similar to a xylophone but larger and with a more resonant sound.

Marsupials

A group of mammals, such as kangaroos and koalas, that carry and nurse their young in pouches.

Mille-Feuille
A classic French pastry made of many thin layers of puff pastry filled with cream, also known as a Napoleon.

Mollusks
A diverse group of invertebrates, including snails, clams, and octopuses, typically having a soft body and often a hard shell.

Montage
A technique in film editing where a series of short shots are sequenced to condense space, time, and information.

Moose Tracks
A popular ice cream flavor that combines vanilla ice cream with chocolate fudge and peanut butter cups.

Moussaka
A layered dish, traditional in the Balkans and the Middle East, typically made with eggplant, minced meat, and béchamel sauce.

Oboe
A woodwind instrument with a double reed, known for its distinctive, penetrating tone.

On the Lam
A slang term meaning to be on the run, typically from the law or authorities.

Oxymoron
A figure of speech in which contradictory terms appear together, such as "jumbo shrimp" or "deafening silence."

Palmier
A French pastry shaped like a palm leaf, made from puff pastry and often sprinkled with sugar.

Pavlova
A dessert named after the ballerina Anna Pavlova, made of meringue topped with whipped cream and fresh fruit.

Pergola
An outdoor structure forming a shaded walkway, passageway, or sitting area, often covered with climbing plants.

Philodendron
A genus of tropical plants commonly used as houseplants, known for their large, attractive leaves.

Pie a la mode
A dessert of pie served with a scoop of ice cream on top, commonly vanilla.
Pompadour
A hairstyle where the hair is swept upwards and back from the forehead, popularized in the 18th century and again in the 1950s.
Profiteroles
Small round pastries made from choux pastry filled with cream and often topped with chocolate sauce.
Ratatouille
A French Provençal stewed vegetable dish, typically made with eggplant, zucchini, peppers, and tomatoes.
Rigor Mortis
The stiffening of the muscles after death, usually starting within a few hours and lasting up to 72 hours.
Rococo
An 18th-century artistic movement and style, characterized by ornate decoration, pastel colors, and lightness in subject matter.
Satire
A literary genre that uses humor, irony, or ridicule to criticize and expose human vices or folly, often in the context of politics or society.
Secateurs
A type of pruning shears used in gardening for cutting plants, shrubs, and small branches.
Skedaddle
A slang term meaning to run away quickly or to leave in a hurry.
Soliloquy
A dramatic monologue in which a character speaks their thoughts aloud, often while alone on stage, revealing inner feelings to the audience.
Sous-vide
A cooking method in which food is vacuum-sealed in a bag and cooked in a water bath at a precisely controlled temperature.
Spanakopita
A Greek pastry filled with spinach and feta cheese, encased in layers of filo dough.

Spats

A type of footwear accessory worn over the instep and ankle, often made of cloth or leather, popular in the late 19th and early 20th centuries.

Tabata

A high-intensity interval training (HIIT) workout protocol, typically consisting of 20 seconds of intense exercise followed by 10 seconds of rest, repeated for 4 minutes.

Tabbouleh

A Middle Eastern salad made from finely chopped parsley, tomatoes, mint, onion, and soaked bulgur, seasoned with olive oil, lemon juice, and salt.

Tartlet

A small tart, usually filled with fruit, custard, or other sweet ingredients, often served as a dessert.

Tom Yum

A hot and sour Thai soup, usually made with shrimp, tomatoes, mushrooms, lemongrass, and chili peppers.

Trifle

A layered dessert consisting of sponge cake, fruit, custard, and whipped cream, often served in a glass dish.

Tuba

The largest brass instrument, known for its deep, resonant sound, and commonly used in orchestras and brass bands.

Ukulele

A small, guitar-like instrument of Hawaiian origin, typically with four strings and a bright, cheerful tone.

Uluru

A massive sandstone monolith in the Northern Territory of Australia, also known as Ayers Rock, sacred to the Indigenous Anangu people.

Ungulates

A diverse group of large mammals that includes hoofed animals like horses, deer, and cattle.

Wallaby

A small to medium-sized marsupial native to Australia and New Guinea, similar to but smaller than a kangaroo.

Wassail

A hot, spiced cider traditionally drunk as part of wassailing, a medieval English Christmas and New Year's celebration.

Your feedback is greatly appreciated!

It's through your feedback, support and reviews that we're able to create the best books possible and serve more people.

We would be extremely grateful if you could take just 60 seconds to kindly leave an honest review of the book on Amazon. Please share your feedback and thoughts for others to see.

To do so, simply find the book on Amazon's website (or wherever you purchased the book from) and locate the section to leave a review. Select a star rating and write a couple of sentences.

That's it! Thank you so much for your support.

Simply scan the QR code below to leave your review!

Explore Our Inspiring Coloring Books—These Are Just a Few, but There's More to Discover!

www.ingramcontent.com/pod-product-compliance
Lightning Source LLC
Chambersburg PA
CBHW081535120626
46550CB00009B/2745